珠三角FDI与本土企业互动机制研究

——基于信息传播和契约合作维度

范跃民　著

中山大學出版社
SUN YAT-SEN UNIVERSITY PRESS

·广州·

图书在版编目（CIP）数据

珠三角 FDI 与本土企业互动机制研究：基于信息传播和契约合作维度/范跃民著. —广州：中山大学出版社，2023.6
ISBN 978 - 7 - 306 - 07894 - 0

Ⅰ. ①珠…　Ⅱ. ①范…　Ⅲ. ①珠江三角洲—外商直接投资—研究　Ⅳ. ①F832.6

中国国家版本馆 CIP 数据核字（2023）第 165629 号

出 版 人：王天琪
策划编辑：金继伟
责任编辑：魏　维
封面设计：曾　婷
责任校对：蓝若琪
责任技编：靳晓虹
出版发行：中山大学出版社
电　　话：编辑部 020 - 84110283，84113349，84111997，84110779，84110776
　　　　　发行部 020 - 84111998，84111981，84111160
地　　址：广州市新港西路 135 号
邮　　编：510275　　传　真：020 - 84036565
网　　址：http://www.zsup.com.cn　E-mail：zdcbs@ mail.sysu.edu.cn
印 刷 者：广东虎彩云印刷有限公司
规　　格：787mm×1092mm　1/16　11.125 印张　176 千字
版次印次：2023 年 6 月第 1 版　2023 年 6 月第 1 次印刷
定　　价：68.00 元

前　言

外商直接投资（Foreign Direct Investment，FDI）是外国企业、组织或个人①在中国的直接投资，包括在中国境内开办外商独资企业，与中国境内的企业或经济组织共同举办中外合资经营企业、合作经营企业或合作开发资源的投资（包括外商投资收益的再投资），以及经政府有关部门批准的项目投资总额内企业从境外借入的资金。随着FDI的不断涌入，珠江三角洲（以下简称"珠三角"）成立的FDI企业已逐渐成为活跃于珠三角区域市场上的重要经济力量，与本土企业产生了千丝万缕的联系。世界经济发展的历史进程表明，珠三角FDI企业通过与本土企业以资金、生产、贸易、人才等形式进行互动与合作，通过产业链联合逐步扩展双方的合作经营空间，可以有效配置资源，带动珠三角本土企业群的发展，又能促进FDI企业效益增长，加强珠三角FDI企业与本土企业的互动合作，促进当地区域的经济发展，与珠三角经济战略意图相符。需在此说明的是，本书研究的是FDI与本土企业的互动机制，但为了保证数据可获取，聚焦的是企业与企业之间的关系，即FDI企业与本土企业的互动关系，因此用FDI企业的影响力指代FDI的影响力。

珠三角FDI企业的发展离不开珠三角本土企业提供的资源配备和配套服务，这有助于其获得在全球竞争中的区位优势，而同时珠三角FDI企业又为本土企业带来生产理念、营销方式、售后服务、管理规范、企业文化等方面的经验与知识。反过来，本土企业在学习及发展后，其竞争能力与FDI企业的差距逐渐缩小甚至赶超FDI企业，并有部分本土企业或部分专业领域对FDI企业产生逆向的影响。随着珠三

---

①　《外商投资企业设立及变更备案管理暂行办法》第三十三条："香港特别行政区、澳门特别行政区、台湾地区投资者投资不涉及国家规定实施准入特别管理措施的，参照本办法办理。"也就是说，香港、澳门、台湾地区投资企业虽不属于外商投资企业，但参照外商投资企业管理。因此，本书中有关外商直接投资的阐述涉及香港、澳门、台湾地区，是基于参照该办法的角度表述的。

角产业结构优化转型及新常态下的经济发展，未来仍将有越来越多的 FDI 企业选择在珠三角投资，其投资的形式会更加丰富，投资的区域也会更加广泛。珠三角本土企业在享受了多年 FDI 溢出效应的红利之后，与珠三角 FDI 企业的互动关系进入新的阶段，与珠三角 FDI 企业的竞争及前者对后者产生的逆向影响将越来越多。在新阶段，本土企业的自主创新能力和竞争能力不断增强，与 FDI 企业之间的技术差距不断缩小，甚至超越 FDI 企业，两者之间已经不是简单的单向影响关系，而是双向的、相互影响与制约的互动关系，双方的良性互动可以产生双赢效应。

本书从信息传播与契约合作这两个维度切入，研究 FDI 企业与本土企业的互动关系，从理论和实证两个层面分析和检验 FDI 企业与本土企业的互动机制，并通过上述两个维度划分类别，探讨各类互动关系的特点及对策。

首先，本书说明了选择信息传播和契约合作这两个维度切入研究的动因，概述了企业互动、信息传播和契约合作的相关理论。

其次，本书介绍和分析了在信息环境和契约制度环境下珠三角 FDI 企业与本土企业互动关系的发展及其新特点。

再次，本书重点对珠三角 FDI 企业与本土企业的互动机制进行分析，基于信息传播过程和契约合作过程，阐述了互动机制发生作用的机理，分析了两者互动机制和互动作用的传导路线。基于信息传播和契约合作这两个维度，本书将珠三角 FDI 企业与本土企业的互动关系划分为四个象限，并对每个象限的互动关系特点进行归纳。

最后，本书对 FDI 企业与本土企业互动机制进行实证分析，从信息传播的视角，对数字鸿沟与外资变动的关系、数字鸿沟与内外资互动合作的关系进行实证检验；从契约合作的视角，对企业合作程度的影响因素进行实证检验。

本书的结论如下。

第一，珠三角 FDI 企业与本土企业存在多个路径的互动关系。FDI 企业与本土企业相互作用的路径分别为：基于信息维度的模仿学习、技术溢出、创新扩散、区位选择、产业集聚；基于契约合作维度的区位选择、合作网络、资本互补、竞合关系。在互动前期，本土企业通过多种路径获得珠三角 FDI 企业的技术知识，提高竞争能力，缩小与 FDI 企业的竞争能力差距。而在互动后期，本土企业具备技术优势后可以结合本土市场经验，对珠三角 FDI 企业产生逆向的作用和影响。

第二，基于信息传播与契约合作的维度，将珠三角 FDI 企业与本土企业的互动关系分为四个象限，每个象限的互动模式都有各自的特点。

第三，借助翔实的统计资料，以数据说明问题，详细分析了珠三角 FDI 企业与本土企业互动的表象和影响因素。检验结果显示，信息传播促进了数字鸿沟的弥合，可以缩小珠三角本土企业与 FDI 企业的技术差距，提高本土企业的竞争能力，但这种相关性随地区行业信息环境的差异表现不同；地区和行业的信息环境与内外资企业互动合作之间存在显著的相关关系，数字鸿沟在不同的信息传播环境下对内外资企业互动合作产生的影响具有异质性，数字鸿沟的大小不同，互动合作存在不同的相关性；珠三角 FDI 企业与本土企业的合作程度会以示范效应和联结效应两大类影响因素作为考量，其中认知度和机会主义分别对合作程度产生正、负相关影响。

基于以上结论，本书提出如下政策建议：第一，高合作低信息关系——改善信息传播环境，政府有必要为珠三角 FDI 企业和本土企业营造良好的数字信息化环境，提高本土企业的数字化能力，促进外资引进。第二，高合作高信息关系——公共平台建设，一方面，构建 FDI 企业与本土企业互动的"桥梁"；另一方面，政府要制定政策，促进 FDI 企业与本土企业互动。第三，低合作高信息关系——完善制度环境，建立和完善相关契约法制环境，并完善保护知识产权的法律法规。第四，低合作低信息关系——提升信息与合作的互动效率。注重合作前期的调研评估，完善契约监督机制，分散风险，加强联结，加强以人才为载体的知识传播。

目　　录

图表索引

绪　　论

一、选题背景与研究意义

（一）选题背景

随着外商直接投资不断进入珠三角，珠三角成立的 FDI 企业已逐渐成为活跃于珠三角市场上的重要经济力量，与珠三角市场上广大的本土企业产生千丝万缕的联系。世界经济发展的历史进程证明，FDI 企业通过与本土企业在资金、生产、贸易、人才方面进行互动合作，通过横向或纵向的产业链联合逐步扩展双方的经营空间，可以有效配置资源，带动和促进珠三角本土企业群的发展。加强珠三角 FDI 企业与本土企业的互动合作，促进当地区域的经济发展，与珠三角经济战略意图相符。两者的良性互动，对珠三角的 FDI 企业、本土企业发展和珠三角的经济发展都具有显著的促进作用。珠三角 FDI 企业发展离不开珠三角本土企业提供的资源配备和配套服务，这使其获得在全球竞争中的区位优势。同时，珠三角 FDI 企业在资本、技术、产品和服务方面又为本土企业带来生产理念、营销方式、售后服务、管理规范、企业文化等知识。反过来，本土企业通过学习和自身发展，其竞争能力与 FDI 企业的差距逐渐缩小，甚至会对 FDI 企业产生逆向的作用和影响。随着珠三角新常态下的产业结构优化转型及经济发展，未来仍将会有越来越多的 FDI 企业选择在珠三角投资，投资形式将更加丰富、投资区域将更加广泛，而珠三角本土企业在享受了多年珠三角 FDI 企业溢出效应的红利之后，两者的互动关系将进入新的阶段，并经历新常态下产业结构优化转型的洗礼。随着自主创新能力、竞争能力的增强，珠三角本土企业缩小了与 FDI 企业的技术差距，甚至有部分本土企业超越了 FDI 企业。珠三角本土企业对 FDI 企业产生的逆向作用和影响越来越多，两者之间已经不是简单的影响与被影响、主动与被动的关系，而是相互作用与制约的互动关系，双方的良性互动可以产生双赢效应。

外商对华直接投资主要集中在第二产业，以劳动密集型产业为主，20世纪90年代以后，第三产业逐步发展。随着珠三角新常态下的经济结构转型，近几年珠三角产业逐步转向技术密集型产业。包括FDI资金和企业在内的数据变化，反映出珠三角地区的经济结构转型，部分以劳动力成本为优势的劳动密集型产业逐渐减少，技术密集型产业增多。部分大型FDI企业迁出珠三角，长三角、珠三角掀起代工厂关闭潮，珠三角在经历了30年以规模生产为特征的经济扩张后，开始进入经济结构转型的发展阶段。然而，从长远来看，持续的经济增长和巨大的潜力市场、劳动力市场等因素，将使珠三角继续成为最具投资吸引力的投资区域。随着珠三角经济的快速崛起，珠三角对世界经济的影响也在不断增强，未来仍将有越来越多的FDI企业选择投资珠三角，投资存量与流量金额也将越来越多，投资形式将更加丰富，投资区域将更加广泛。珠三角FDI企业的这种快速增长与其和我国本土企业发展的互动、有关FDI的政策的制定和调整密切相关，两者的互动关系趋势如下。

第一，珠三角FDI企业对本土企业的影响以溢出效应为主，同时存在挤出效应的威胁。进入21世纪，珠三角迅速顺应了经济全球化的进程，近几年正在经历高科技产业的转型，需求结构中消费比重也在逐渐增加，投资增长相对放缓，加速了服务业发展进程，新建立了承接国际服务业转移的外商直接投资企业。在新阶段，珠三角FDI企业与珠三角市场上的本土企业产生互动，互动的主流仍是FDI企业在各种形式下产生的溢出效应，这种溢出效应也一直给珠三角本土企业的转型和升级带来影响。对于前期珠三角FDI企业的溢出效应，已有众多学者运用宏观或行业层面数据实证检验了其存在性（沈坤荣，2009）；FDI企业在行业内的溢出效应（潘文卿，2012；陈涛涛、陈娇，2006）和FDI企业在行业间的溢出效应（许和连 等，2007）总体上支持我国FDI企业溢出效应的存在。大多数的国家吸引FDI是为了获得先进的技术与知识，FDI企业将资本、技术和管理知识集于一体，被看作是资本输入和知识溢出的重要源泉。FDI企业还可以通过如示范效应、竞争效应、关联效应及培训对本土企业产生知识溢出，从而提高珠三角本土企业的创新能力和水平。对 FDI 企业来说，这好像一把双刃剑，一方面，FDI 企业通过本土化和合资打破壁垒，为进入珠三角市场、获取份额和利润创造条件；另一方面，升级后的本土竞争企业可能对 FDI 企业形成反噬，最终在有限的市场资源下，市场挤出效应将反映在市场上弱的一方，令其在高市场竞争密度的作用下退出市场，而且竞争密度越大，FDI 企业的退出概率越高（吴剑峰等，2009）。陈羽（2005）基于市场竞争的视角和珠三角背景的经验研究，提出"市场竞争–外资技术引进"关系的假说：FDI 企业在东道国市场面临更大竞争会促进其增加技术引进，对于发展中的东道国来说，具有一定规模和优势的企业而不是接近完全竞争的市场结构，能提高 FDI 企业面临的竞争程度。

第二，珠三角的本土企业在经历发展后对 FDI 企业产生逆向的作用和影响。几十年人口红利和土地扩张带来持续增长之后，珠三角经济增速近几年开始放缓，部分地方甚至出现了一定程度的外来资金和外资企业数量的下降。国家统计局数据显示，外商投资企业数在 2012 年金融危机之后有小幅增长，2014 年，占总外商投资企业数最大比重的制造业的外商投资企业数有 161168 户，下降幅度明显，相对最高峰 2008 年下降 19.22%，2012 年为 125674 户，其他如农、林、牧、渔业以及采矿业等行业的外商投资企业数也有不同程度的下降。增长最大的前三位分别是租赁和商务服务业、金融业、住宿和餐饮业，增长率均达到两位数，2016 年以来新设外商投资企业数出现连续两年下降的局面。另外，人民币在 2017 年年末以后走势也不稳定，放缓的经济增速和下行的房地产市场导致坏账及债务违约。但也有观点认为珠三角的外汇储备下降只是受外币贬值的影响，实际持有的外汇储备在增加，外资流出量仍在珠三角的货币管控范围内。2013年以来，FDI 企业及其资金的撤离现象在长三角和珠三角等地区出现，其中，珠三角的契约法制环境变化如新劳动法的实施导致的劳动力成本上升，是珠三角 FDI 企业撤离的主因；再者，在信息传播日渐发达的知识经济时代，以信息传播工具为载体的知识溢出，给本土企业与 FDI 企业竞争能力差距缩小、竞争密度加剧提供了辅因，给珠三角本土经济的增长带来一定影响。整体来说，珠三角的 FDI 企业和资金的撤出有多种因素：劳动力成本上升、生产成本增加、市场竞争加剧、欧美资金回流等。与本土企业相比，FDI 企业具有先天的劣势，这种劣势也被称为外来者劣势，是指企业在母国之外经营时产生的附加成本导致的竞争劣势。Mezias（2002）发现外资企业在东道国面临的契约法律诉讼案件要多于本土的竞争对手，本土企业通过双方的契约合作、信息传播两个维度的交流分享，获得知识的溢出效应，模仿学习 FDI 企业的先进知识技术，结合本土的资源禀赋，提高技术和竞争能力，从而追赶和超越 FDI 企业；在行业的市场竞争密度和竞争强度增加到一定程度后，本土企业又会反过来对 FDI 企业造成市场挤出效应。FDI 企业本身的外来者劣势加上激烈的本土竞争压力导致其绩效下滑，退出概率加大，FDI 企业所处区域的竞争密度与其退出市场之间存在正相关关系（吴剑峰 等，2009）。本土企业崛起对外资生存空间的挤压，导致部分地区和行业的外资撤离。

第三，珠三角 FDI 企业与本土企业的双向互动成为发展趋势。关于 FDI 企业与本土企业之间的联系，陈筱芳（2001）认为 FDI 企业是外商直接投资的主要形式，其与本土企业之间已经不是简单的单向影响，而是相互影响、相互制约的互动关系，双方的良性互动可以取得双赢效果。早期研究以 FDI 企业对本土企业的单向影响为主，随着本土企业的竞争能力增强，本土企业对 FDI 企业产生逆向影响，有关 FDI 企业与本土企业的双向互动和双向影响已经成为不可忽视的研究课题。FDI 企业和本土企业形成的互动合作除了外商独资企业、中外合资企业、中外合作企业三种主要方式，还有国际租赁、对外加工、补偿贸易等方式。同时，竞合关系也存在于两者的互动过程之中，FDI 企业与本土企业在市场中一边抢夺资源互相竞争，一边相互模仿学习，目的在于创造双方的共同价值，竞争中存在合作，合作中存在竞争，形成一种新型的互动关系。

第四，信息与合作嵌入企业的互动经济效应。其中，信息传播影响着企业的竞争能力和企业之间的资源配置，信息传播环境完善与否以及信息传播便捷与否，影响着当地地区和行业经济的发展。国家主席习近平在第二届世界互联网大会上提出，珠三角将在"十三五"时期大力实施国家大数据战略、网络强国战略、"互联网＋"行动计划，发展网络文化，拓展网络经济空间，促进互联网和经济社会互相融合。与之相呼应，珠三角也在各行业利用网络经济的机遇植入科技知识元素，促进国家产业结构转型。为了促进中国实现由信息大国到信息强国的飞跃，珠三角逐步建立利用知识和信息促进发展的模式，政府不断加大对数字信息传播领域的关注和投入。中共中央办公厅、国务院办公厅发布的《2006—2020 年国家信息化发展战略》第五项行动计划就是缩小数字鸿沟。相关部门不断推进"4G 建设""宽带珠三角 2015 专项行动"等重点项目，逐步加大公共财政对宽带发展的支持力度，努力推动缩小珠三角企业的信息鸿沟，全面加强宽带对工业企业和生产性服务企业的服务和支撑。此外，我们还应该意识到珠三角部分外商直接投资的撤离，是珠三角在产业结构优化进程中的新常态的表现之一。

另外，契约合作为 FDI 企业与本土企业的协同发展、互动发展提供支持和保障，内资与外资存在资金上的互补性，在产业链上又互取所需（陆妙燕，2004）。在互动过程中，外商投资企业和本土企业发展理念的差异使双方的合作产生不稳定因素，需要使用合作联盟防范机制来控制合作流程和合作程度。企业在商业活动中应该进行更多的合作，通过合作能够获得其他企业资产的进入权，并和合作伙伴实现资源共享。FDI 企业与本土企业的互动关系揭示了二元性的竞争与合作。创造价值是一个共有的合作过程，对此，很多学者都从竞争与合作的程度问题及程度的影响因素方面来进行研究（Luo，2007）。FDI 企业与本土企业的互动关系有其自身的内生增长机制，目前国内外关于契约合作的相关研究都把重点放在微观层面上，合作可以提高效率和经济效用，对经济增长具有重要作用，需要重视本土企业与 FDI 企业合作程度的提高。

（二）研究意义

从理论层面看，本书在现有关于信息与合作研究的基础上，探讨 FDI 企业与本土企业的互相作用机理。笔者发现关于信息传播和契约合作的研究虽已有系统阐述，但两种维度的理论研究仍处于割裂的、独立的状态，也没有将其放在 FDI 企业与本土企业的相互作用的框架里进行分析。因此，基于信息传播和契约合作维度的互动关系研究在一定程度上可以深化和丰富企业的互动关系理论，同时，对信息传播和契约合作相关影响变量进行梳理及测度，可以为 FDI 企业与本土企业的互动机制研究提供相对科学合理的量化工具。

从实践层面看，珠三角经济步入新常态以后对企业结构的转型提出更高要求，本书的着力点在于系统分析 FDI 企业与本土企业的互动关系，讨论基于信息传播与契约合作维度的四种互动关系的特征、问题以及应对方法。FDI 企业与本土企业存在异质性，本书对两类企业的互动机制和互动关系研究着眼于以上两个维度进行分析并提出问题：FDI 企业与本土企业如何在信息传播的传导路线中相互影响？信息传播的相关影响因素如何对互动机制进行定量影响？在契约合作的框架下，双方又如何相互影响？合作的影响因素和影响程度如何定量分析？基于两个维度，互动关系如何分类？分类各具有什么样的特点，又该采用什么样的对策？

越来越多的地区纷纷出台引资优惠政策吸引 FDI 企业入驻，因为它们都有着共同的地区经济增长和发展的内在要求。珠三角地区也如是。一方面，FDI 企业进驻本土市场往往会选择与珠三角本土企业合作，在这些城市建立高度的区域一体化的资源配置机制，使每一个环节助力其实现增值。另一方面，本土市场往往也会以相应的基础设施配套、操作系统配套、服务配套和优惠条件如政策体制、市场秩序、社会文化等吸引 FDI 企业带来的技术、服务、资本、人力等资源要素向珠三角中心城区聚集，并通过各资源配置促使产业升级，进而扩大竞争优势，在资源要素流动中创造价值，在提升珠三角本土企业竞争力的同时，促进 FDI 企业成熟发展，并为其打造在珠三角市场的竞争优势和实现全球战略创造条件。

需要指出的是，虽然珠三角的 FDI 企业与本土企业之间存在着密切的互动关系，但理论界对此仍然缺乏具体分析，很多相关领域的研究还是一片空白。比如，FDI 企业与本土企业互动是复杂的多重博弈的结果，由于涉及双方主体利益，因此互动能否实现取决于多重因素。此外，更进一步的问题是如何强化珠三角 FDI 企业与本土企业互动。一般认为，在特定的情况下，FDI 企业与本土企业之间可能很难实现互动。第一种情况——珠三角 FDI 企业选择不互动。比如，如果 FDI 企业执行技术封锁策略，通过加大控股或独资化的方式封堵双方技术、信息、资金等的交流渠道，就会降低溢出效应产生的可能性。又如，FDI 企业通过加大管理力度，利用转移价格，加大从珠三角本土市场调动利润的力度，就会导致本土企业不能从与 FDI 企业的合作中获益，进而损害与其互动的动机和能力；或者通过设计 FDI 企业在整体供应链上所处的位置，实施具体的供应链管理战略，将重要的核心部分的分工都放在国外进行，只将非核心的、低技术含量的工作内容放在珠三角本土市场，使得珠三角 FDI 企业与本土企业之间的交流势差不大，从而减少良性互动循环的产生。第二种情况——珠三角本土企业选择不互动。如果珠三角本土企业对 FDI 企业实行隔离策略，通过设置壁垒防止本土人才、技术和资金等流向 FDI 企业，则 FDI 企业也将很难从珠三角本土市场获取有利的资源，从而难以开展地区经营活动。这样，FDI 企业的正向溢出效应也会大大减小。由此可见，对珠三角 FDI 企业与本土企业互相作用的内生机制加以研究具有重要的理论意义和现实意义。这具体表现在，理论可以指导实践，良好的"双赢"效应的形成有赖于 FDI 企业与本土企业的创新力以及 FDI 企业与本土市场经济的内生集聚力的博弈均衡。就珠三角地区发展而言，这一点有着特别重要的意义。目前，我国本土市场需要吸引 FDI 企业，以期利用 FDI 企业与珠三角本土企业的互动所带来的正效应，提高管理全球工业链和产业链的能力。因此，在全球化加速发展的条件下，了解 FDI 企业与珠三角本土企业互动的内生作用机制，对珠三角引入 FDI 和提高 FDI 质量具有现实性意义。本书选择"珠三角 FDI 与本土企业互动机制"为题，就是为了深入探讨珠三角 FDI 企业与本土企业互动合作的机理，也就是珠三角本土市场与 FDI 企业如何通过利益选择对彼此产生作用影响。希望研究能有助于揭示两者的互动机理，促进引进 FDI 机制的研究，进而为珠三角的经济发展提供理论参考，促进国际直接投资优化和区域经济与产业升级。在以下的篇章中，本书将首先介绍 FDI 企业与本土企业相关的基本经济学理论，在此基础上，深入探讨 FDI 企业与本土企业的互动机理，进而运用信息传播过程和契约合作过程的分析框架，从经济学角度研究如何增强 FDI 企业的创新力与珠三角本土市场经济的内生集聚力，促进互动有效均衡，并对我国现有 FDI 企业的经济实践加以比较，以期为我国政策部门提供相应的参考对策。

　　信息与合作是社会关系中的永恒的话题，传播学范畴的信息传播和管理学范畴的契约合作更是国内外研究的主流。进入知识经济时代，信息传播方式如大数据、互联网、新媒体等把人类关注的核心知识信息传递扩散，引致技术变革。知识和信息的快速传播是知识经济的特点，又是一种社会现象，它既受益于知识经济的各个方面，又加速了知识经济的发展。同理，珠三角的 FDI 企业与本土企业之间的合作包括横向及纵向资本互补、产业链合作。微观经济学领域的企业合作从来没有脱离过经济学者研究的视线。从信息传播与企业合作的维度构建 FDI 企业与本土企业的互动关系并进行分析，既是对目前 FDI 进入珠三角后两类企业的互动关系研究的补充，又符合微观经济合作与发展的研究趋势，研究角度比较新颖，具有理论和实践意义。进入知识经济时代，在研究珠三角 FDI 企业与本土企业相互影响的文献中，关于两者之间的信息交流、知识溢出的研究占据各研究文献主流。信息传播学中的概念"数字鸿沟"，关乎社会、经济和民生问题。2018 年李克强总理提出发展网络经济、提出"降网费，提网速"的重要政策方针①，是跨越"数字鸿沟"，共同发展信息共享、发展社会经济的命题。另外，FDI 企业落地珠三角后，与本土企业的相互作用很大程度上是基于双方的合作模式，如合作企业、合资企业、独资企业等，因此，关于双方的合作模式及其影响因素的研究就显得尤为重要。在知识经济时代，在企业的整个生产流程中，信息传播在生产、交换、分配和消费等环节发挥着积极的作用，而传播的消费功能与投资功能互相促进，并改变着知识经济社会的生产力结构。信息传播的经济功能不但得到较大拓展，在企业各生产环节上发挥了主导作用，而且在企业生产经营过程中也扮演着越来越重要的角色。而现有文献缺乏从这两个视角切入的研究，更多的是对 FDI 企业对东道国的技术溢出及其影响因素的研究。

FDI 企业增强与本土企业的网络联系不仅是为了降低成本，也是为了获得资源。从寻找当地配套供应商开始，FDI 企业与本土企业的合作关系逐步发展至为了共同研发和创新的合作，以及为了技术扩散及传播的合作。本土企业或研究机构在这种与当地文化结合在一起的合作网络中占据一定的位置，并通过网络内的学习吸收 FDI 企业的知

---

① 《国务院出招促进提网速降网费》，参见中华人民共和国中央人民政府网站（https://www.gov.cn/guowuyuan/2015 – 05/13/content_ 2861468. htm?cid = 303）。

识外溢。随着经济全球化和经济网络的不断发展，珠三角的 FDI 企业与本土企业的信息交流与契约合作日益频繁。首先，信息传播和契约合作在 FDI 企业与本土企业的互动关系中广泛存在，有关信息传播的研究更是当今国际、国内研究的风向和主流。其次，契约合作关系把 FDI 企业与本土企业联结在一起。最后，关于 FDI 企业和本土企业互动机制的选题视角新颖，互动关系是众多外商直接投资学者期望深入研究的课题，由于内容的广泛性及复杂性，本书选取信息传播和契约合作两个维度进行切入。

本书基于信息传播的视角观察 FDI 企业与本土企业的互动，在现有经济类文献研究现状下，相对创新及接近国际传播理论的发展；契约合作的视角让我们从传统合作关系的研究入手，与信息传播有机结合，视角新颖，符合当今研究主流。随着珠三角和国际信息技术的飞速发展以及契约合作法律法规的进一步完善，对 FDI 企业与本土企业的互动机制研究会更加全面、深入。在 FDI 企业与本土企业互动的实际进程中，本土企业目前在 FDI 企业全球网络中仍处于被动的境地，珠三角的基础设施条件、创新能力薄弱以及内外向流动的不均衡仍对 FDI 企业的节点构建产生一定阻碍。

FDI 企业与本土企业互动的各个路径和相关影响是一个比较庞大的研究课题，研究体系庞杂，涉及国际经济学、传播经济学、发展经济学和管理经济学等多个领域，本书仅从信息传播和契约合作视角去剖析 FDI 企业与本土企业的互动关系。由于主客观因素，尚有众多维度没有横向拓展以及纵向领域没有深入挖掘，关于 FDI 企业与本土企业互动关系的研究工作仍有许多值得深入挖掘和拓展的地方。

随着知识经济时代进程的不断推进，创新性互动在行业企业中的地位会越来越高，对互动策略、互动方式的选择及需求也会越来越强烈，对 FDI 企业与本土企业互动关系和机制进行探讨是珠三角本土企业选择发展策略和互动策略的重要一步，相关的互动研究具有一定的现实意义。

二、相关概念界定

在研究 FDI 企业的经济学文献中，对包括信息、合作、互动机制的理解并不完全一致，以下对这些概念加以界定，可使研究节点清晰，有助于思路框架的整理。

（一）互动机制

"机制"原指机器的构造和工作原理，本义指机器由什么部分组成，机器整体通过这些组成部分如何运作及为何这样运作。在引入经济学后，经济机制指经济机体由什么要素构成，各要素的功能是什么，以及各要素之间如何相互联系、相互作用、相互制约。企业本身行为过程类似于一个有机个体的生存与发展，把一个有机个体的生存与发展过程投射到市场上，投射到 FDI 企业与本土企业的相互发展的进程中，可实施有效的模拟实验。因此，在明确了 FDI 企业与本土企业含义的基础上，本书将"互动"界定为两类企业为获得知识、信息、资金等经济要素而发生的相互作用和相互影响。本书研究对象"FDI 企业与本土企业的互动机制"的定义就是，FDI 企业与本土企业基于合作与竞争情况下的相互作用和相互影响，以及互动发生的传导路径、过程和规律。它包括两方面的内容：一方面，FDI 企业为增强国际竞争力、实现价值最大化，在全球逐步设立地区 FDI 企业，以综合利用各地区本土市场所具有的资源、人力、市场、技术等优势，在获得区位优势的情况下，更方便地获取地方创新资源、上下游客户和供应商资源、市场资源，从而提高全球竞争能力；另一方面，珠三角本土市场通过吸引 FDI 企业的外来物资、资金、技术、人力、服务等资源要素向珠三角本土市场集聚，通过各经济要素的重组整合促进相关产业升级和转型，使资源要素的流动实现价值，并不断循环往复、持续发展，从而在提升本土企业竞争力的同时，促进 FDI 企业的发展。由此可见，对于互动的经济主体即 FDI 企业和本土企业而言，保持良好的互动关系是双方的最佳选择。互动机制把地理位置、生产要素、竞争能力和结构不同的各个企业有效整合起来，发挥其经济功能，在区域范围内实现示范、规模、集聚和联动等经济效应。

（二）信息传播和契约合作

信息传播[①]作为传播学领域的概念，其研究始于维纳的控制论和香农的信息论。信息是在特定时间、特定状态下，对特定人提供的有用的知识。知识是信息的基本属性之一，知识是信息的主要内容。1970 年，蒂奇诺等人提出"知识沟"及"信息沟"的概念，认为"知识沟"是不对等的信息流造成的信息两极分化，信息不对称导致"知识沟"或"信息沟"的进一步扩大，会拉大社会群体之间的认知差距。"数字鸿沟"这一概念由美国国家远程通信和信息管理局（National Telecommunications and Information Administration，NTIA）在1999 年提出，该机构从技术应用角度阐释数字鸿沟，即信息富有者与信息贫困者在获取知识与信息方面存在的技术差距。

"契约合作"这一概念较多出现在管理学的研究范畴中。所谓契约，就是一组承诺，双方在签约时做出的承诺，并且预期在签约到期日其中的契约条款能够被兑现（陈志俊，2000）。契约合作是指现代企业基于共同目的，通过某种承诺联合起来，共同完成某项任务且相互作用和相互影响的过程，它是企业之间进行互动活动的基础。本书的契约合作侧重于广义上的理解，既包括正式和非正式的互动合作，也包括成文的和非成文的互动合作。例如，两大寡头基于垄断市场价格的默契进行的勾结，属于一种竞合关系，是非正式的互动、非成文的互动。组织行为学理论提及的契约主体之间的互动合作效果的影响因素包括主体之间的相互依赖性、任务不确定性、时间与目标取向等。

技术溢出和知识溢出是研究 FDI 与东道国当地市场关系的主流切入点，基于信息维度进行 FDI 企业与本土企业的互动机制研究，需要对信息、知识和技术的定义、异同以及联系进行辨析。

数据、信息、知识与技术具有同质性。数据是反映事物客观状态的信号感知、文本和数字，是原始的记录，未经过任何加工处理，数据是分散且孤立存在的；信息是在原始记录的基础上经过加工处理

---

① 20 世纪 70 年代，著名学者布鲁克斯将信息学定义为"客观知识的分析、组织、传递和应用"。

的、成为对人事物有意义、有效的数据；人们一般把载有某种信号的信息理解为消息、数据、知识等的总称。再进一步，信息经过加工过滤，成为对生产有用的知识。信息用以减少事物的不稳定状态，知识是一种能够改变某些人或某些事物的信息，通过对信息的运用，人类能更有效地开展活动。此外，知识分为隐性知识和显性知识两类，隐性知识处于个体头脑之中，难以进行编码和书面表达，而通过文字表达或计算机输出成为显性知识，可以通过编码传输。技术实质上就是一种提炼过的知识。对于企业而言，可提高生产率水平、提高经营水平的知识就是技术，企业面临的较多问题是如何在市场竞争中进行技术创新和技术提高。把信息和知识作为严谨的构念来定义，信息是反映事物运动的状态及其发展方式的，知识是信息的一种，是信息中用以描述事物运动的状态及变化规律的。信息与知识具有同质性，信息包括知识，信息是知识的基础，知识是信息的内核部分。

三、文献综述

探寻互动机制和互动关系理论的研究溯源，可以发现，随着国际直接投资理论的深入发展，众多学者和机构（Williams，1967；Lasserre，1996）围绕 FDI 企业与本土企业的互动关系，从企业战略、制度、产业结构、技术转移以及价值链管理等方面展开分析，并已取得大量研究成果。

从互动的作用方向上区分，FDI 企业和本土企业的互动模式有单向传递、双向传递和联合创新三种，输出方和接收方的能力、意愿、特性、传输内容和关系特性都会影响两者的互动效果。对于互动关系的多种模式，学者们分别从企业本身、人员流动、政治经济环境、法律环境的视角出发，对 FDI 企业与本土企业的互动关系进行影响因素分析，许和连等（2006）从微观层面对 FDI 企业与本土企业互动进行实证研究，发现行业间 FDI 企业通过人员培训或人员流动对本土企业产生显著的技术外溢效应，地区间的 FDI 企业通过示范和竞争对本土企业产生显著的外溢效应。国内部分学者还从宏观层面研究了 FDI 企业与本土企业互动的影响因素，陈筱芳（2001）认为政治、经济、法律、市场环境和基础设施、投资、生产要素的利用与开发、经济结构进行升级调整的需求、贸易壁垒的设置等，都是影响 FDI 企业与本土企业互动的因素。综合来看，学者们关于 FDI 企业和本土企业之间的互动模式的文献可以分为以下三类。

（一）产业集群层面的互动

从 20 世纪 20 年代起，产业集群开始成为学者们关注的重点课题。FDI 的进入引起本土企业在地理位置上的聚集，形成产业集群。FDI 企业与本土企业之间、本土企业与本土企业之间的互动过程构成了产业集群内部核心的、动态的和整体的活动内容。

第一，产业集群的特征。

产业集群内部的企业包括专业供应商、服务供应商、金融机构及相关产业的厂商，具有交互关联性，存在竞争合作关系，且在地理位置上较集中。国外学者对集群理论的概念阐释较为完全，他们利用产业区的概念，从外部经济性的角度入手分析，认为分工协作、劳动力资源、基础设施等使众多企业向某一个地理位置集中，从而引起集群的产生。1909 年，Weber 把区位因素结合产业集群理论进行研究，指出集聚可分为两个阶段：一是通过企业自身的扩大产生集聚；二是各企业通过组织网络实现产业化升级，即中小企业集聚。1990 年，Porter 首先提出用"产业集群"（industrial cluster）一词对集群现象进行分析，产业集群是工业化过程中的普遍现象，是一种新的空间经济组织形式，在所有发达的经济体中，可以明显看到各种产业集群，而且纵深程度和复杂性相异。Williamson（1991）从生产组织形式的视角分析产业集群，认为它是基于专业化分工协作的中小企业的集合。许多产业集群不仅包括上下游的延伸，涉及销售渠道、消费者、制造商、基础设施供应商等，还包括政府及其他提供专业化培训、信息、研发、规范制定等的机构，以及同业协会和其他相关团体。这些珠三角机构对产业集群内部的主体互动产生各种影响效应，如珠三角 FDI 企业的研发机构是地方创新体系接入 FDI 企业全球技术网络的关键节点，是区域创新的重要资源，为产业集群带来驱动力。国内学者主要从地理区位角度分析产业集群的定义，认为产业集群是一组在地理上靠近的相互联系的公司和机构，企业与企业之间具有互补性，是产业集中于某个特定地区产生内生增长的现象（王缉慈、童昕，2001；

徐康宁, 2006)。

总的来说, 国内外学者对产业集群的讨论主要从以下几个方面进行: 经济层面上, 利用外部经济、专业化分工协作、交易成本等概念来解释产业集群的运行机制; 社会层面上, 分析社会、人际和本土文化环境对集群经济的影响; 地理层面上, 分析产业的区位优势、空间集聚效应对集群当地经济发展的影响。

第二, 产业集群与 FDI 的关系。

随着对 FDI 讨论的兴起, 20 世纪 90 年代中期, 国内外学者逐渐把 FDI 企业纳入产业集群的组成部分进行分析, 研究 FDI 企业与产业集群的关系。Markusen 和 Venables (2000) 提出 FDI 企业可以成为产业集群的领导者, 在研究产业集群时, 须将本土企业或 FDI 企业纳入研究范畴。Enright 于 1999 年提出 "有机区" "移植区" 和 "混合区" 的概念, 按照本土企业主导的产业集群、FDI 企业主导的产业集群以及两者的混合分别归类, 研究集群与竞争环境的影响。还有学者认为产业集群必须整合到全球供应链中, 发挥其价值, FDI 企业能推动外向型集群的产业结构升级, 还要取决于集群企业在全球价值链上的竞争优势。Birkinshaw 和 Hood (1998) 将产业集群区分为成熟与高增长产业集群, 对于成熟的产业集群, 积极进行投资; 对于高增长产业集群, 短期高水平投资, 中期 FDI 影响具有不确定性。如果集群由大量国外企业构成, 根基较弱, 则集群的发展潜力就较小。

从产业组织的角度看产业集群里 FDI 与本土市场的互动关系, 产业集群实际上是在一定区域内的某个大企业集团的纵向一体化发展。在珠三角 FDI 企业带动下, 某种产业链在一定的地区内或地区间形成, 这里的大企业集团可以理解为进入珠三角市场的 FDI 企业。珠三角 FDI 企业和本土企业构成集群里的企业主体, 主体之间的互动效果取决于双方的技术差距、研发能力、知识产权的保护、地理位置等因素的综合作用 (楚天骄、杜德斌, 2006)。在 FDI 企业进入初期, 内外资企业的技术、研发能力的差距尤为明显, 学者倾向于认为产业链里的本土企业比 FDI 企业更加具有互动的意愿和动机, 因为大部分互动是本土企业单向对 FDI 企业的模仿学习, 如国外研究中将技术学习视为珠三角本土企业逐步实现技术追赶的重要途径, 形成 "模仿制作—消化吸收—改进设计—自主研发" 的技术学习路径, 国内研究中将技术学习作为本土企业增强技术能力的突破口，形成珠三角情境下特有的"干中学"以及"技术引进—模仿—创新"的路径。也有学者认为双方的互动具有互补性，比如，陆妙燕（2004）认为内资与外资的合作存在互补性，通过对资本、产业链、企业集群三者的分析，从宏、中、微观分析了互补机制的具体内涵：在量上，金额互相补充；在质上，FDI 企业与本土企业形成产业链、区域性产业群。在行业间，FDI 企业通过人员培训或流动对本土企业产生技术外溢，在地区间，FDI 企业通过示范效应和竞争效应对本土企业产生外溢效应（亓朋 等，2008）。内外资企业在产业集群内部互动创新，有些学者认为产业集群中的企业主体可以通过正式和非正式的交流渠道共享知识和创新，产业集群内部综合了市场和政府的功能。有些学者指出产业集群对企业竞争能力的提高很重要，产生的分工效应、学习与创新、竞争与合作效应、协同与溢出效应等反映了 FDI 企业和本土企业之间互动活动的特征。

第三，互动过程的影响因素。

对于产业集群的 FDI 企业和本土企业带来的影响，国内学者进行了深入研究。有学者从 FDI 企业的垂直和水平两个维度对 FDI 企业与本土市场的产业集群之间的关系进行了研究，发现本土市场的开放度和产业集群产生的联结效应与 FDI 企业的区位选择正向相关。盛丹和王永进（2013）研究表明，产业集聚显著降低了企业的融资成本，而且有助于信贷资源流向民营企业以及那些依赖企业间关系的"关系密集型"企业，从而提高了信贷资源的配置效率。沈能、赵增耀和周晶晶（2014）的研究表明政府应重构产业区域协同发展机制，通过产业链的协同创新机制实施多层次、多极的空间战略，产业政策切忌走入盲目提高集聚度或降低集聚度的误区，应针对不同的行业要素特征和发展阶段，采取差异化的集聚政策。

但是，也有学者认为产业集聚不利于吸引 FDI 及经济发展。孙浦阳、韩帅、靳舒晶（2012）指出城市制造业集聚和外资集聚不利于吸引 FDI，相邻城市之间的产业集聚在吸引 FDI 方面存在竞争关系。张云飞（2014）通过动态面板广义矩估计（GMM）方法对城市群内产业集聚与经济增长的关系进行了实证检验，实证结果表明城市群内产业集聚与经济增长之间存在"门槛效应"——产业集聚初期推动经济增长，达到一定程度后，过度集聚引起的负外部性会抑制经济增长。张雪梅和陈亚红（2015）研究发现 FDI 对多个行业的产业集聚都有不同程度的弱化作用，外资的入驻导致了要素市场和产品市场竞争的加剧，集聚的成本大于分散的成本，不利于产业集聚水平的提高。

（二） 知识转移层面的互动

知识转移包括非主观自愿的技术溢出方式，以及主观自愿的技术创新和技术扩散等方式，这些方式都以知识、技术或信息为其转移传递的内容，具有信息的经济属性。FDI 是技术转移的重要渠道（Findlay，1978），不仅给东道国的创新研发部门带来知识外溢效应（Walz，1997），降低东道国企业的模仿及学习成本（Glass and Saggi，2002），还可以通过人员在 FDI 企业与本土企业之间的流动提高本土企业的生产率（Fosfuri，2006），对东道国的人力资本而言是一笔有效的投资，有助于本土企业实现对 FDI 企业经济的赶超。

第一，知识和技术溢出的互动。Caves（1974）为 FDI 技术外溢研究奠定了理论基础，引发了后期众多的相关研究，示范作用与竞争作用是 Caves 在研究外商直接投资技术扩散对东道国影响时首先提出的。已有学者运用宏观或微观数据检验了珠三角 FDI 溢出效应的存在性（沈坤荣，2009；Wei and Liu，2001），FDI 在行业内及行业间的溢出效应，总体上支持我国 FDI 溢出效应的存在（Li et al.，2001；潘文卿，2003；陈涛涛、陈娇，2006；许和连 等，2007）。由于 FDI 企业集资本、技术和管理技能于一体，被东道国认为是资本和知识的重要来源。而大多数的国家吸引 FDI 的一个重要原因就是获得先进的技术与知识。FDI 通过如示范效应、竞争效应等对当地企业产生知识外溢，有助于提高东道国本土企业的技术创新能力和生产率水平。

学术界分别从以下五个方面对知识和技术溢出展开讨论。①作用渠道：学习、示范、竞争挤出、人员流动（Fosfuri，2006）、产业链接（王滨，2010）及产业集群（李平，2012）。②作用效应：技术溢出对一个国家的正效应（Blomstrom，1986；何洁，2000；严兵，2005）和负效应。③实现条件：技术差距（李燕 等，2011）和吸收能力（Xu，1999；付敬、朱桂龙，2014；何雄浪、张泽义，2014）。

④与东道国本土市场的相互关系：经济增长（Stèphane，1998；李静、谢润德，2015）、技术进步（Herzer，2012）及创新能力（Cheung and Lin，2004）。⑤产生机理：知识是通过何种渠道如何从溢出方传递到接收方的（王海云，2004）。其中，产生机理从以下三个方面展开研究：一是要素分析，即溢出方、接收方和溢出渠道分析；二是能量分析，即驱使溢出系统持续运行的动力；三是过程分析，即知识和技术通过一定的渠道从溢出方到接收方的过程分析。

有学者把本土企业对 FDI 企业的模仿分为信息模仿和竞争模仿，其中基于知识信息视角的模仿强调知识信息在模仿中的价值，由于企业决策者尚不知道企业行动与结果之间的联系，需要参照其他企业的行为来确定自己企业行动可能产生的结果。有学者实证信息传播与技术创新之间为正相关，技术创新项目越复杂，技术创新需要的信息传播和交流也越多，内部的信息交流同时关系到技术的研发绩效。也有学者经过实证研究发现科技信息同技术创新绩效显著正相关，认为外部知识源对技术创新过程而言是必不可少的，积极运用外部知识进行技术创新，是技术创新能力的一种，收集并吸收有价值的市场信息并将其物化的过程很重要。信息共享对新产品开发具有重要作用，付睿臣、毕克新（2009）认为企业的技术创新需要在不同的环节进行知识共享。从以上文献看，学者大都提出了信息传播与交流、知识共享在技术转移中的重要性。

第二，创新扩散的互动。创新扩散包括技术创新和技术扩散，经济合作与发展组织（Organization for Economic Co-operation and Development，OECD）将技术创新定义为新产品、新工艺及产品和工艺的显著技术变化。创新扩散是创新过程中的一个后续过程，也是一个技术与经济结合的过程。国外学者对扩新扩散大都有着自己的理解，有学者认为没有扩散，创新便不可能有经济效应；有学者将对技术创新的大量模仿复制视为技术创新扩散；有学者将新技术的应用和推广称为技术扩散；有学者认为技术扩散是对所引进的技术能力进行转移的一种方式。对于 FDI 企业和本土企业来说，创新扩散是一个双向互动的过程，彼此作用及影响。

（1）FDI 企业对本土企业的影响。技术扩散是促进产业升级、经济增长和优化资源配置的重要手段，许多研究者对此进行了深入研究。Caves（1974）认为 FDI 企业与本土企业的互动遵循技术扩散的路径，系统地把技术扩散的外在性分为三类。Kokko 又进一步把 FDI 的溢出效应分为模仿效应、竞争效应、劳动力流动效应、直接帮助效应，并指出 FDI 是向珠三角转移技术的最佳途径。FDI 可绕过贸易壁垒提高资源配置效率，FDI 企业的竞争和示范效应驱使东道国企业学习和开发新技术。

FDI 企业与本土企业的互动关系较多涉及了技术创新的层面，国内学者普遍肯定 FDI 企业的技术扩散对我国经济的促进作用。国内有学者分析了扩散过程中的影响因素，总结了扩散机制，并重点评述了扩散的动力机制和激励机制，从宏观、微观和复杂网络三个方面对扩散模型进行综述，包括技术创新扩散得以进行的外部条件和内在动力。技术创新扩散的基本机制，本质上来说是在有关创新技术信息传播基础上新技术对老技术的替代过程。该过程是创新扩散方与采纳方的垄断博弈过程，涉及采纳者对新技术的学习与掌握。毕克新等（2012）从技术、组织、环境三个维度提出企业信息化与技术创新互动关系的影响假设，验证了各因素对企业信息化与技术创新互动关系的影响。李玉梅、桑百川（2011）认为 FDI 对本土企业的自主创新具有正向促进功能，尤其在市场竞争激烈、FDI 企业与本土企业技术差距不大的行业，FDI 对本土企业自主创新的推动作用更加明显，本土企业科研经费投入量与 FDI 推动自主创新效果存在显著相关性。

但也有学者对我国采取市场换技术的政策表示担心，认为外资在与我国本土市场进行互动时会产生对本土企业的挤压效应、对国内行业的结构效应、成长压制效应等。他们对 FDI 企业与本土企业互动的效果表示怀疑，指出不要对珠三角 FDI 企业与本土企业互动的技术扩散寄予过高的希望，应该重新审视这一市场换技术的政策效果，保护国内民族产业、保护国内市场。

（2）本土企业对 FDI 企业的影响。现有文献多数单向研究 FDI 企业对本土企业的影响，关于本土企业对 FDI 企业的反向作用的讨论较少。本土企业对 FDI 企业的影响研究包括区位选择、创新能力、技术溢出、挤出效应。

区位选择：本土企业对 FDI 企业的区位选择具有影响，区位选择是信息成本的理性反映，本土环境的低信息成本会增强对 FDI 企业的吸引力（Erramilli and Souza，1995；Mariotti et al.，2010）。

创新能力：本土企业的学习和模仿促使竞争力增强，FDI 企业不得不持续进行创新技术研发的投入，维持自身竞争力（Caves，1974）。由于市场环境的变化和本土企业能力的不断提升，跨国企业唯有积极调整战略，通过敏捷的运营、持续的创新以及与本地的生态圈构建广泛的协作关系，参与新一轮的市场竞争，才有可能在珠三角市场长期占有一席之地，实现可持续增长（彭杳雯、姚庆国，2008）。本土企业与 FDI 企业的技术差距缩小，本土企业竞争能力的增强对 FDI 企业产生威胁，外部市场竞争环境变化和企业内部知识获取要求对 FDI 企业自身的技术创新产生需求和促进作用。

技术溢出：许晖、王琳和张阳（2015）指出在市场拓展的过程中，外派人员扮演着创业者的角色，其高知识位势是知识溢出的重要前提，这种人员流动会带来知识的流动，并同时对 FDI 企业产生溢出效应。现代传播技术的提高使技术扩散的渠道和内容增加，企业之间的信息成本、交易成本降低，在内外资互动阶段的后期，本土企业的技术水平和竞争能力提高，部分本土企业完成了对外资企业技术的超越，反过来对 FDI 企业产生溢出效应。另外，战略联盟作为组织学习工具和访问知识的一个有效途径，FDI 企业可以通过与本土企业的联盟提高效率，将知识统一并应用到复杂产品和服务的本土化生产过程中，并在对知识需求具有不确定性的领域以及产品可以提供先行优势的领域内获得效率和优势。

挤出效应：本土企业与 FDI 企业构成当地市场的竞争布局，企业数量的增加也增加了市场的竞争密度，吴剑峰等（2009）发现 FDI 企业所处区域的竞争密度越大，企业退出概率越高，所在市场的竞争密度会影响 FDI 企业的生存。有学者认为维持一个适度有序竞争的本土市场，并对 FDI 进行选择性甄别与吸收，比单纯的竞争战略更有利于 FDI 企业的技术转移与技术扩散。

（三）供应链管理层面的互动

在行业内，FDI 企业的外溢效应表现并不明显。供应链管理（supply chain management）的概念在 20 世纪 80 年代被提出，Houlihan（1987）认为供应链是在组织内部进行整合以促使企业的商品从生产环节到物流环节，最后到达消费者手中的过程。国内学者马士华、林勇（2005）认为供应链是以生产企业和配套供应商企业为中心，由原材料供应开始，到产品加工，再通过销售把产品传递到消费者手中的一种流程，供应商、制造商、销售商和消费客户联结成一条供应链。供应链成员企业之间具有竞合关系，FDI 企业与本土企业作为供应链成员企业，同时也是独立的经济个体，都有着追求个体利益的动机，为了供应链整体利益的提高，两者之间既要进行互动、合作，又要进行博弈。供应链管理在微观层面的文献较多，其有关契约合作因素和信息传播因素的文献分类如下。

第一，供应链管理与合作因素。供应链契约（supply chain contract）是指通过信息和激励措施协调契约双方的目标及行动，优化企业绩效的有关条款。Pasternack（1985）最早提出了供应链契约的概念，给出了企业商品的价格优化和退货约定。FDI 企业进入本土市场，与本土企业形成各式各样的互动模式，契约把 FDI 企业与本土企业联结在供应链节点上，基于供应链系统协调的角度，研究供应链节点企业的合作与互动，谋求双赢，是供应链契约研究的重要课题。国内外学者的研究将供应链契约作为平衡供应链成员冲突、激励协作、提高供应链整体绩效的一个有效的管理工具（田巍、蒋侃，2007；于柳荫、申成霖，2014；Giannoccaro and Pontrandolfo，2004；Vidal and Goetschalckx，1997；Wu，2013）。FDI 企业与本土企业通过正式和非正式契约的互动形式实行纵向（vertically）和横向（horizontally）协同，以实现供应链的价值和效率最大化的目标。

FDI 企业采用更灵活的生产组织形式深入各个不同的区域，在当地投资的同时，吸引了自身的供应商企业从外部迁入并在当地聚集，促成了当地小企业的分工协作，这些协作产生的小企业成为供应链上的不可或缺的环节（关涛、薛求知，2012）。黄少安和韦倩（2011）将合作因素引入经济增长理论，建立了一个包含合作因素的内生经济增长模型，供应链中的 FDI 企业和本土企业都是基于局部目标进行决策，为了使契约双方的行为与供应链系统的最优策略相一致，需通过设计适当的激励机制对契约双方的决策行为进行协调和约束。制度约束、激励机制发挥了极其重要的作用，合作可以促进效率提升、提高经济主体的效用，供应链契约设计主要解决影响供应链效率的两个因素，契约主体追求自身利益最大化导致的双边际效应（Double Marginalization）和信息不对称造成的牛鞭效应（Bullwhip Effect）。

关于提高契约执行效率及其对 FDI 和本土市场影响的研究，徐最、朱文贵（2012）结合供应链管理与委托代理理论，对不对称信息下的上下游企业的供应链契约进行了研究，分析了对供应链更有效率的契约。有研究认为地理集聚、契约联结程度高的地区将在合作产品贸易上拥有比较优势。FDI 企业倾向于在契约制度较为完善的地区和行业进行投资（盛丹、王永进，2010）。因此，契约合作度越完善，企业遵照契约的执行效率越高，而 FDI 企业为此付出的交易成本则越低。在此基础上，李磊等（2012）检验得出契约执行效率对民间投资、外商投资有明显的正向效应。FDI 企业和本土企业契约执行效率的加强，使供应链成员的业绩更容易得到优化。

第二，供应链管理中的信息因素。学者普遍认同信息在供应链管理中扮演重要角色，供应链伙伴间信息共享常常被认为是实现供应链管理的基础（杨家其，2006），大多数学者认为供应链上下游之间可通过信息共享来减轻"长鞭效应"，提高供应链绩效（Lee et al.，2015；Chen et al.，2000；Zhou and Benton，2007）。供应链信息管理是通过供应链中的信息系统，实现数据处理、信息处理、知识处理的过程，达到"数据—信息—知识"的转化过程，最后形成企业价值。契约合作使在供应链中的各个利益个体凝聚成一个利益主体，随着激励与约束机制的发布，各节点企业间的信息共享将会更加顺理成章，供应链系统运营也将达到理想状态，信息共享与契约合作为供应链的协同提供保障（祝凌燕，2014）。信息共享同时为供应链中的每一个节点企业提供信息来源，以便主体进行管理控制，前文提及的约束、激励和监督措施等均需建立在信息收集及处理的基础上，并形成决策，最终形成上下一致的企业行为。供应链管理关系着 FDI 企业在珠三角能否与本土企业有效协同，能否顺利融入当地市场，有学者认为契约合作和信息共享是实现供应链协同的两个主要手段，由于供应链协同正处于快速发展、逐步完善的阶段，市场需求呈现多样化、个性化、小量化、瞬息万变的特点，契约和信息共享的实践问题也日趋复杂。

供应链一般包括物资流通、商业流通、信息流通、资金流通四个流程，四个流程有各自不同的功能。供应链管理信息项目已经进入信息化、网络化的发展趋势，信息供应链是利用无线网络实现供应链管理的技术，将原有供应链系统上的客户关系管理功能迁移到信息工具上，供应链信息系统使企业业务跨越空间距离，信息平台使企业可以及时互动沟通，从而有效提高效率和效益。2005 年国际电信联盟（International Telecommunication Union，ITU）发布的物联网报告提出：通过一些关键技术，用互联网将世界上的物体都连接在一起，使世界万物都可以上网，物联网在智能供应链中的应用增多，使供应链的敏捷性、个性化大大提高，物品在供应链的任何节点被大数据实时追踪，产品从生产线到最终的消费者的流动实现管理自动化。信息快速、实时的传递和处理，使企业乃至整个供应链能够在最短的时间内对复杂多变的市场做出反应，提高供应链的适应能力。

企业竞争能力和适应能力的提高促使供应链中的信息要素实现企业价值，且这种观点得到普遍认可，如叶飞等（2013）证明供应链伙伴特性对信息共享程度与企业运营绩效有显著的正向影响，企业应加强与供应链上下游伙伴之间的信息共享与交流。肖静华等（2013）的算例仿真表明信息系统可以显著提升信息共享的效率，降低库存成本，带来更多价值。供应链信息管理系统通过供应链数据处理，使数据向信息转化、信息向知识转化，最后实现企业价值（吴锦峰，2006）。

（四）简要述评

关于国外研究的现状，学者对 FDI 与东道国本土企业的研究大多是从 FDI 对东道国本土企业的单向作用和影响入手，如对本土企业的技术溢出、产业集群效应和示范效应等，且普遍认为 FDI 在珠三角经济发展中扮演重要角色，在宏观上推动经济发展，也推动贸易发展、产业结构调整、研发创新，此外，FDI 企业的进入对本土形成威胁的同时，也会产生鲶鱼效应，提高本土企业的竞争能力。本土化人才和本土企业技术水平的提高，使部分本土企业或本土企业在部分专业领域对 FDI 企业产生作用和影响，但遗憾的是很少有学者系统地研究本土企业对 FDI 企业的作用，或两者的双向作用。微观上，对信息要素与契约要素影响内外资企业的互动合作过程的研究比较缺乏；宏观上，信息与契约环境会对本土的经济环境、产业结构调整、就业形势和下一轮的 FDI 引进产生作用，关于这些作用的研究也比较缺乏。

国内的研究主要围绕交易成本、外部性、规模效应、技术溢出、集聚经济的思路，阐述本土企业在 FDI 企业周边建立的配套服务和上下游供应链形成是吸引 FDI 企业的重要因素，大多数学者均侧重于实证研究。尽管目前学术界对 FDI 的影响研究已经有很多成果，但主要还是从本土市场单方面吸引 FDI 进入的角度切入，缺乏双向互动的研究，如 FDI 企业与东道国本土企业互动过程中的相互约束机制问题、FDI 企业与本土企业在信息共享方面和契约约束方面的作用路线问题等均缺乏系统性的综述及论证。

总的来说，国内外现有文献从产业集群、知识转移和供应链管理三个角度研究了 FDI 企业与本土企业的互动关系，这些研究尚有以下不足之处：①从各角度对 FDI 企业与本土企业互动合作的经济效应研究各成体系。事实上，我们发现在互动的三大类别中，信息共享、知识交流、技术转移、契约管理、协同合作、互动联系等关键构念频繁出现，两类企业互动互联，关键构念互相交织、紧密相联。产业集群、知识转移、供应链管理层面的研究，具备从信息和契约的维度进行进一步分类与研究的基础及条件，但这方面的文献比较缺乏。②FDI 企业和本土企业的互动研究以单向作用为主，即关于 FDI 企业对本土企业的作用和影响的研究占据主流。实际上，两者的影响是双向的，尤其是在内外资企业互动合作的后期阶段，部分本土企业具备较强的、不低于 FDI 企业的竞争能力、技术优势之后，这种逆向作用力尤为明显，而遗憾的是本土企业逆向作用于 FDI 企业的研究总是被学者们忽视或轻视。③关于信息和契约的相关研究在传播学领域和管理学领域较多，但基于信息分享和契约管理的视角研究 FDI 企业与本土企业之间的互动关系的则较少，信息传播相关理论在国际上的研究比较前沿，信息传播对社会、经济的影响也是当今主流且新颖的研究课题；而微观层面的企业契约管理则是企业管理之间的研究主流，是 FDI 企业与本土企业保持良好互动状态的有力保障。本书将传播学与经济学、管理学领域的构念联系起来分析，从信息传播和契约合作的两个维度切入分析 FDI 企业与本土企业的互动关系，并将两者的互动机制和互动模式进行分类整理和表述，对我国本土企业作用于 FDI 企业以及 FDI 企业作用于本土企业的双向互动策略有着现实的意义和启发，同时也促使当地政府对两类企业不同的互动模式针对性地制定地区政策，促进内外资经济发展。

四、研究方法、研究思路及研究框架

（一）研究方法

本书采用定性与定量分析相结合的研究方法，运用数据、案例和模型证明观点。应用演绎和归纳方法建立本书的总体框架和分支体系。具体方法涉及传播学、企业管理学、发展经济学、国际金融学等多学科的研究思路及成果。

本书采取先分再合的论述方法，对 FDI 企业与本土企业的互动关系进行总体描述，并从信息传播维度与契约合作维度两条主线进行解构和阐述，后将信息传播维度与契约合作维度两条主线有机联系，汇合到互动关系的四个象限，进一步研究分析各类互动关系的经济特征，最后给出结论和建议。

（二）研究思路及框架

本书主要采用以下研究思路（见图 0-1）。

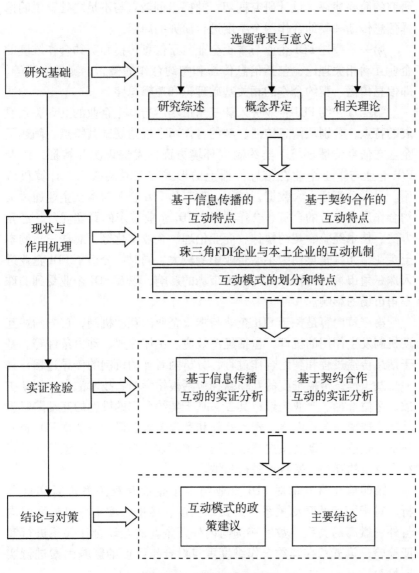

图 0-1　研究思路及框架

本书内容安排如下。

首先是绪论，阐明本书的研究背景、研究意义、研究内容、研究方法、创新之处与不足之处。梳理和总结国内外文献综述以及对现有研究的简要述评，设计研究框架，并提出创新点与不足之处，说明选择信息传播和契约合作两个维度进行研究的原因。

第一章概述 FDI 企业与本土企业基于信息传播和契约合作维度的企业互动相关理论，包括信息传播和契约合作的概念、测量方法等，即信息传播、契约合作的相关基础理论和逻辑思路。

第二章介绍 FDI 企业进入珠三角市场后与本土企业的互动关系发展的特点，分别从信息传播、契约合作两个视角观察其特点，阐述了企业在信息传播环境、契约制度环境方面的发展现况和特征，以及 FDI 企业与本土企业在信息传播上的形式如互联网接入、计算机应用、云平台管理、大数据营销等。珠三角 FDI 企业与本土企业通过契约合作形式进行的合资、合作项目，FDI 企业带来的管理规范、经营方法、技术经验、契约精神、商业伦理、企业文化等，对珠三角的本土企业，尤其是早期中小型企业影响较大。同时，分析了 FDI 企业进入珠三角市场的路径和其对本土市场的影响，以及 FDI 企业受到的珠三角市场的影响。

第三章内容是关于 FDI 企业与本土企业的互动机制，首先阐述互动机制发生作用的机理，包括经济效应、主体构成、动力条件等。基于信息传播过程和契约合作过程，分析两者互动机制的传导过程：其一，基于信息传播维度的互动路径包括模仿学习、技术溢出、创新扩散、区位选择、产业集聚；其二，基于契约合作的维度的互动路径包括区位选择、合作网络、资本互补和竞合关系。最后一节把 FDI 企业与本土企业的互动关系按照以上两个维度划分为四个分类象限，并对每个象限的互动关系特点进行归纳。

第四章和第五章对 FDI 企业与本土企业互动关系进行实证分析。对于两者的互动关系，第四章在信息传播维度重点对数字鸿沟与外资撤离的关系、数字鸿沟与内外资企业的互动合作关系进行实证检验，第五章在契约合作维度重点对合作程度的影响因素进行实证检验。

第六章探讨关于 FDI 企业与本土企业互动关系研究的结论和对

策，对划分出来的四个象限的合作模式进行分析，给出相关案例分析，并提出若干建议。最后罗列结论要点进行总结，并提出 FDI 企业与本土企业未来互动关系的发展思路、目标、支撑保障和实现路径。

五、创新之处与不足

现有文献主要研究 FDI 企业对珠三角本土企业单方向的影响，且主要集中在技术溢出效应上，少有关于 FDI 企业与本土企业之间双向的互动关系的研究，尤其缺乏本土企业对 FDI 企业的反作用力和影响的研究。本书的创新点有以下三点。

第一，研究珠三角 FDI 企业与本土企业的双向互动作用的机制。现有文献欠缺系统地对两类企业互动机制的研究，主要限于对单向作用的研究。本书在实证研究的基础上，建立 FDI 企业与本土企业的互动机制模型，从信息传播维度及契约合作维度出发，分析两者产生互动的过程和互动机理。

第二，本书从信息传播与契约合作两个维度切入。信息传播及契约合作的视角新颖，且是现在国内外相关研究的主流，信息传播领域的研究对经济与社会的发展具有前沿引领意义，契约合作关乎 FDI 企业与本土企业生存及发展的现实保障。本书对 FDI 企业与本土企业互动机制发生作用的表象进行实证研究，研究数字鸿沟这一与我国社会、经济、民生紧密相关的传播学构念和企业竞争能力、企业挤出效应的相关性。

第三，本书将上述两个维度有机联结，对珠三角 FDI 企业与本土企业互动关系进行分类讨论。本书把珠三角 FDI 企业与本土企业的互动关系按照信息传播和契约合作维度划分为四个象限，并按照分类后的互动关系模式提出问题、分析特点，有针对性地提出对策。关于信息传播和契约合作的独立研究等都在各自的专业领域有系统阐述，但两种理论体系处于独立的、割裂的状态，少有学者以两个维度结合的视角对企业经济效应进行分析，因此，将信息传播和契约合作维度结合进行企业互动关系的研究，在一定程度上可以深化和丰富 FDI 企业与本土企业的互动机制理论。

实际上，信息传播与契约合作两个维度未能概括 FDI 企业与本土企业的所有互动关系，仍有其他具有意义的维度有待进一步深入研究。

本研究的不足之处在于以下两个方面。

第一，囿于时间和研究条件，特别是 FDI 企业与本土企业之间互动内容的数据资料收集困难，本书对 FDI 企业与本土企业互动的实证研究带有一定的局限性，基于信息传播和契约合作两个维度结合起来的互动关系研究理论相对欠缺，搜集理论资料有一定难度，基于两个维度划分的互动关系的特点和相应的对策仍需提炼，所得出的结论还只是阶段性的和初步的。

第二，虽针对互动机制的过程作用影响因素进行了较为全面深入的实证分析，但 FDI 企业与本土企业互动的实证研究还有待扩大样本量，从过程的影响因素进行更详细的检验。例如，互动机制的信息传播与契约合作的七个作用路径均有各自的度量方法和路径的影响因素，如分析信息能力与学习能力、溢出效应等的相关性，对四种互动关系进行进一步研究。再如，FDI 企业与本土企业的四个象限的互动关系在案例分析上可以更详尽。

第一章 基于信息传播与契约合作的企业互动相关理论

互动是 FDI 企业与本土企业长期存在的一种状态，两者的互动作用路径包括模仿学习、技术溢出、创新扩散、区位选择、产业集聚、资本互补、合作网络、合作竞争等，本书从信息传播、契约合作的基础理论维度入手，对企业互动相关理论进行观察解构。本章将溯源相关理论研究，包括互动关系、信息传播、契约合作的相关理论的提出以及演变路径。FDI 企业与本土企业的互动取决于技术、知识要素的传递，而信息是知识、技术的原始状态，信息传播是模仿学习、技术溢出、创新扩散等路径的前提。FDI 企业与本土企业的互动还取决于交易成本、契约执行效率，而本土企业的契约精神与国际接轨、趋同能够降低互动成本与费用，使其对 FDI 企业更有吸引力，因此契约合作成为影响 FDI 决策的关键作用因素。FDI 企业与本土企业的互动会加深双方彼此依赖和影响的程度，同时，变化的契约和信息环境也反作用于两者的互动合作关系。

FDI 企业与本土企业的互动关系受到多个因素的影响，包括企业间关系，企业自身特点，东道国社会、经济、文化特点和投资地政府特点等。各种因素对两者互动关系影响深远，本章主要探讨与此相关的经济学、管理学、传播学理论。

第一节 信息传播理论

一、信息传播理论的溯源

信息论由学者香农于 1948 年率先提出，以概率论和数理统计为基础，是一门探究通信和控制系统中信息传递和处理、信息识别和利用的共同规律的学科。信息的关键在于内容，尤其指新的内容和知识，可以减少人类认知的不确定性。信息是众多系统稳定运行、维持结构、实现功能的基础。信息论有狭义和广义之分，狭义的信息论主要聚焦通信系统，是一门研究通信和控制系统中信息传递的普遍规律以及提高信息传输系统效率和可靠性的学科；广义的信息论是狭义信息论的凝练和升华，借助狭义信息论思考和解决问题。信息论认为，系统能够通过获取、传递、加工与处理信息，实现既定目标。该理论阐释了人类认识活动飞跃的实质，也进一步推动了探索人类思维规律和意识的活动。

赖利夫妇 1959 年在《大众传播与社会系统》一文中探讨了信息传播系统的本质，指出传播过程是系统的活动，包括多重结构。传播双方包括传播者和接收者，是相互独立的个体，然而个体与个体相互连接、依存，进而构成人际传播；人际系统也并非孤立的，不同的人际系统构成群体，形成群体传播。而群体传播也不能独立于社会环境、经济背景、政治情况而独立存在，具有历史性和现实性。我们可以进一步将社会传播系统划分为微观系统、中观系统和宏观系统三个层次，每个层次相互独立又相互依存、普遍联系，构成复杂的传播体系。这种结构的多重性和联系的广泛性充分说明信息传播是一个多层次、多维度的复合有机系统，知识溢出、创新扩散以人和物为载体，原始状态的信息和知识正是在这个复杂而有机的综合系统里进行传导，从而得以实现互动，互相作用和影响。

信息传播机制涉及信息传播的全过程，具体包括形式、流程、主客体、方法、作用路径等，传播主客体、路径、媒介等构成一个复杂的综合体。信息传播机制是一个综合概念，是一个信息从传播者到最终接收者的全过程。

二、信息传播的经济效应

与传统经济不同，信息是在知识时代兴起的新兴企业资源，不但具有稀缺性和价值性，还具有无限性和可复制性。与工业社会所强调的物质资料不同，物质性的生产资料是有限的且难以简单复制、再生，信息资源却可以被反复、多次地利用，并且延伸经济时代的意义和价值。

第一，信息传播有如下三种具体的经济功能。

（1）分配功能。分配是生产和消费之间的重要媒介，信息传播与此联系紧密。尤其是在当今竞争日趋激烈的知识经济环境中，传播的分配功能进一步细分为两个方面：首先是分配形式，信息传播丰富了分配的形式，延伸了分配的价值。随着互联网的普及，以信息为主要形态的分配日趋成为主流。信息传播能够影响现行货币的流通、分配，使得流通、分配更加高效、便捷。其次，信息传播改变了分配的依据，最重要的是按照拥有信息资源的多寡进行社会分配。资源决定着分配。在传统农耕时代，土地是最重要的资源，在分配中占据最重要的地位；在第一次工业革命后，机器和厂房是最重要的资源，这种物质性的生产资料决定了分配；在知识经济时代，信息、知识、数据成为最具有定价权的资源，资源的多寡直接决定了社会分配。

（2）交换功能。交换对整体经济流程尤为重要，虽然交换的形式在不断发生改变，但交易的本质没有改变。在 21 世纪，交换的形式发生急剧变化，纸币、硬币等传统的有形货币逐渐被电子货币等通过信息传播的无形货币所替代。因此，信息传播日益发挥货币的交换功能。

（3）消费功能。一定程度上，消费功能是传统经济中非常重要的功能，生产和消费密切联系，生产是消费的前提和基础，消费是生产再循环的来源。传播的消费功能可划分为两个方面，既包括对传播内容的消费，如观看电影、购买音像图书等，也包括对传播主体和传播媒介的消费，这是一种基于过程的传播消费。在知识经济社会背景下，随着生活品质的不断提高，消费者多通过信息传播实现对知识产品等的消费，传播消费日渐成为主流。消费是经济发展的动力，是拉动经济增长的"三驾马车"之一，因此传播消费对于促进传播发展至关重要。

第二，信息经济的概念和范围可以从多种角度来确定。

（1）理论上，绝大多数商品都包含信息和物质两大属性，只是两者的比例存在区别。当物质在商品中占据较大比例，则属于物质经济；如果信息部分占据较大比例，则属于知识经济①。当然，传统的物质经济由于受限于日益匮乏的资源与日趋严重的环境问题，如今正在向知识经济努力转型。

（2）从国家宏观视角看，大力发展、开拓信息传播是长远的战略选择。国家制度、社会性质并不会否认关键内核。信息传播在不同国家处在不同的发展阶段，具有不同的规模特点和表现方式。信息传播的学术研究不仅要在规模量上进行积累，还要通过更系统的经济分析，把握其对宏观经济影响的内在机理，从而制定有效的战略规划。

（3）从规模经济上看，在知识经济时代，信息扮演着越来越重要的角色。信息与经济、政治、社会联系日趋紧密，并作用于规模经济的发展。

（4）从数量上看，在传统农业经济和工业经济之外，信息经济是以信息产品生产和信息服务为主的新经济模式。信息经济是一个不断演变、发展的过程，随着信息经济的发展深入，生产资料不断地被虚拟化、信息化、技术化。其具体的测算方式要考虑 IT 工作人员和信息传播从业者在全社会就业人口中所占的比率。

（5）技术方面，随着 IT 技术的发展与普及，信息日益成为当今异质性企业绩效的来源，也成为宏观经济的重要影响因素。IT 时代的到来、信息技术的兴起，不仅仅强调 IT 技术和 IT 产业——其不只是一个技术范畴，只有当信息真正成为社会经济稳定运行的重要基础和必要支撑时，才能代表着 IT 时代的真正兴起，信息经济取代传统物质经济。

弗里曼和佩雷斯认为信息技术范式是由以信息资源为关键生产要素的技术经济范式发展演变而来的，计算机产品的普及以及对信息技术投资的增加，降低了组织间和组织内部的沟通协调成本，提高了社会整体生产率，信息技术的发展与普及将重塑社会经济结构和运作方式。

综上所述，信息经济是以信息资源为基础，以 IT 技术为手段，通过提供信息产品和服务来刺激经济发展、社会进步，促进劳动就业的一种新型经济结构。目前，学界认为这是在农业经济时代、工业经

---

① 参考保罗·霍肯《未来的经济》中的"物质经济"概念，提出"知识经济"。

济时代过去后，当今社会最主流的经济形态。

对于信息技术范式，社会学家 Castells 的见地深刻。他认为当今社会日趋网络化、结构化，对处于网络化组织结构中的企业来说，信息技术范式是其社会基础。信息将日益成为最重要的经济资源和提高社会效率的要素，可以从根本上影响如今的社会化结构网络，并使传统技术模式、生产方式更新换代，整合和创新业务经济模式。

三、数字鸿沟理论与互动机制

第一，数字鸿沟①理论。

知沟理论（knowledge gap theory）是传播学领域的重要理论。1970 年基于企业调研和实证研究，蒂奇诺等人提出了知沟理论。该理论认为，经济地位决定了信息地位，两者收到大众传媒信息越多，其知识信息地位的差距就越大②。

数字鸿沟（digital divide）又被理解为知识鸿沟、教育鸿沟，这一概念由美国国家远程通信和信息管理局（National Telecommunications and Information Administration，NTIA）在 1999 年提出，该机构是国际上最早提出并研究数字鸿沟问题的机构之一。NTIA 从技术应用角度阐释数字鸿沟：人类群体之间存在着信息禀赋、分配和使用的不对称，信息富有者与信息贫困者呈现两极化趋势，在获取知识与信息方面存在着"技术上的差距"。这种两极化趋势可能会导致南北差距进一步扩大，贫富差距进一步扩大。美国商务部（United States Department of Commerce，DOC）的数字鸿沟网的信息进一步揭示：当今世界，总有一部分社会阶层拥有更好的信息技术能力和水平。这类组织和人群拥有最先进的计算机设备和 IT 软件，最好的电话服务，最快的网络服务，也拥有最强的信息应用能力。但是，另一部分组织

---

① 在一些文献中，数字鸿沟又被称为知沟、教育鸿沟、信息鸿沟。数字鸿沟偏重于描述信息的差距，知沟偏重于描述知识的差距。

② 知沟假说内容：大众传播的信息传达无论是对社会经济地位高者还是对社会经济地位低者，都会增加其知识含量，但由于社会经济地位高者能比社会经济地位低者以更快的速度获取信息，这意味着大众媒介传送的信息越多，二者之间的知识鸿沟也就越有扩大的趋势。

和人群由于各种局限，无法拥有最先进的计算机设备和网络系统，也无法接入最便捷的电话服务。这两类组织或人群之间的差别就是上文所提及的数字鸿沟。这一观点与 2015 年经济合作与发展组织（以下简称"经合组织"）给出的界定类似，该组织认为数字鸿沟是处于不同社会经济水平的个人家庭、企业和地区之间在获得信息技术的机会上以及在互联网的使用上存在的差距。

目前，数字鸿沟引发了世界各国政府、全球国际组织、企业界和学术界的重点关注。数字鸿沟是一种客观存在的信息差距，其产生原因复杂，包括地域、种族、经济状况、教育状况、性别和身体状况等一系列具体情况。20 世纪 90 年代以来网络或其他 IT 技术和信息服务导致的获取、利用信息的差异，网络以及其他技术的能力、知识和技能的差异是这种差异存在的具体表现。数字鸿沟既包括国家间、地区间的差异，也包括不同社会群体之间的差异。

第二，数字鸿沟与互动关系。

随着信息技术的进步，政府、企业和个人通过互联网、计算机等现代信息传播手段进行信息的搜索、交换和处理，加快了现代技术信息传播的速度。现代信息手段的运用有效地促进了技术的扩散，缩小了国家间、地区间的数字鸿沟，有助于技术水平相对较低的东道国企业降低学习成本，提升自身的核心竞争力，从而追赶具有行业领先优势的 FDI 企业。郑荣等（2007）对企业竞争信息系统与企业竞争能力关系的研究显示，建立企业的竞争信息系统对竞争能力具有促进作用。刘伟（2011）则发现，随着本土企业对 FDI 企业的学习和模仿能力的提升，技术溢出效应得到强化。数字鸿沟的弥合，将促使技术和信息要素传播的深度和广度增加。

FDI 企业往往是信息富有者，拥有来自母国的先进技术和经验，相对于东道国的信息贫困企业而言，具有较强的竞争优势。在珠三角的技术扩散程度越大，表现在国家层面的政府调控行为就越高效，表现在企业层面的管理行为就越科学有效，竞争力就越强。吴剑峰等（2009）认为 FDI 企业所处区域的市场竞争密度在一定程度上影响 FDI 企业的生存——FDI 企业所处区域的竞争密度越大，其退出概率越高。随着数字鸿沟的弥合，FDI 企业与本土企业的信息交流、互动合作或竞争更加频繁。

第三，数字鸿沟测量方法。

能够精确地界定和测量数字鸿沟与发展趋势，是讨论其影响作用并提出政策建议的重要基础。本书分地区考察数字鸿沟，地区间数字鸿沟是指不同地区在现代 IT 技术领域禀赋和运用方面的客观差距。地区数字鸿沟指数（地区 DDI[①]）是反映地区数字鸿沟水平的关键指标，其衡量了地区间数字鸿沟的大小。地区 DDI 的具体指标由地区互联网（权重 1/4）、计算机（权重 1/4）、彩电（权重 1/4）、固定电话（1/8）、移动电话（1/8）这五个相对差距指数构成。

在测量地区 DDI 相对差距时，本书采用每年最低地区普及率与全国平均水平进行比较计算。为了更好地测算地区之间的差异以及今后的发展趋势，本书还进一步对差距最大的指数进行了测算和计量，其中，最大差距指数是指特定指标的最小样本值与最大样本值之间的差距。

具体来说，地区互联网差距指的是不同地理区域之间在互联网普及、应用方面存在的主要差距，本书采用的考察指标是互联网普及率。地区计算机差距是指不同地理区域之间在拥有和使用计算机设备、网络领域的客观区别，主要考察指标是城市居民家庭每百户计算机拥有量。地区固定电话差距聚焦不同地理区域在拥有和使用固定电话方面存在的差距，主要考察指标是固定电话普及率。地区移动电话差距是指不同地区在拥有和使用移动电话方面存在的差距，主要考察指标是移动电话普及率，即每百人移动电话用户数。地区电视差距是指不同地理区域在拥有和使用彩色电视机方面的差距，主要考察指标为地区电视相对差距指数，即城乡居民每百户彩色电视机拥有量。

第二节　契约合作理论

契约，是一系列承诺的集合体，此类承诺在交易双方建立契约时

---

① 地区数字鸿沟指数（digital divide index，DDI），是反映不同地区在拥有和使用主要信息技术产品方面存在的差距的综合性指标，其基本含义是最落后地区与全国平均水平间的综合差距。自 2005 年起，国家信息中心组建"中国数字鸿沟研究"课题组，本着数据完整、理论通用、内涵直观的原则，建立了"相对差距综合指数法"及其分析模型。

生效，预计在未来的某个时刻（如签约到期日）兑现。近年来，契约理论不断兴起，作为制度经济学的分支，该理论是当今经济学发展的前沿阵地，仍处在不断完善和发展的阶段。契约理论探究在特定交易环境下，行为人的经济行为及其可能后果。与理论相区别的是，实际的交易通常复杂多变，难以用统一的模型界定、预测，由此形成了诸多从不同侧重点来分析特定交易的契约理论学派。根据 Brousseau & Glachant（2002）的研究，激励理论（incentive theory）、不完全契约理论（incomplete contract theory）和新制度交易成本理论（the new institutional transaction costs theory）均是契约理论不可分割的组成部分。Williamson（1991）指出，基于契约理论的经济学可进一步划分为四类，涉及公共选择、交易成本、产权理论与代理理论。本节重点阐述与互动机制相关的契约理论、不完全契约理论、竞合理论。

一、契约相关理论

第一，契约理论。契约理论是当今经济学理论的前沿，目前仍是一个方兴未艾的研究方向。它主要用于探究组织之间正式的、非正式的合作关系。基于博弈论相关知识，在组织间的合作及后续维系中，组织成员的个体理性决策与组织联盟集体理性决策可能存在冲突。个体理性和集体理性之间存在矛盾冲突，合作成员为追求自身利益最大化，可能损害组织之间的合作关系，危害合作稳定性，甚至导致合作解体。这种矛盾所导致的利益冲突，在缺乏明确的组织权威和惩罚机制的情况下，会诱发组织的机会主义行为。

March 和 Simon（1958）认为企业组织是协调个体、群体关系的系统，其中核心要害关系涉及利益分配、信息资源等。该理论改变了经济学对组织的界定，使组织日益成为运用知识资源创造和传递价值的集合体，因此，企业契约合作的基本功能对提高合作效率具有重要影响，具体有如下三种功能。

（1）认知功能。该功能强调组织知识资源的异质性，认为企业基于自身拥有的知识资源，通过"干中学"（learning by doing）的方式不断进行组织学习，提高自身知识水平和信息能力，最终可以提高企业的吸收能力，贡献于组织绩效。综上所述，组织的认知功能是把组织看成个体，促使组织和组织中的个体员工学习既有知识并获取新知识，促进内部的信息流动。在组织内部知识链条中，契约合作的认知功能与其他内部的认知功能的来源存在重大区别。组织内部知识来源于组织内部的学习过程，可通过组织学习理论进行解释。诸多组织学习来自外部的合作伙伴，通过与外部合作伙伴的契约合作、竞争互动，能够帮助企业在竞争中学习。这种认知功能聚焦于连接合作双方，其中包括组织间非正式的日常交流和互动学习。因此，企业之间契约合作具备的认知功能，能够影响企业间基于认知的互动关系。

（2）协调功能。该功能作为基本职能，是现代企业所共有的功能。企业内部的协调功能指的是组织权力框架和指令结构，如各职能部门之间可以借沟通和协调来解决冲突和矛盾。知识链是存在于市场企业之间的沟通桥梁。由于这种合作网络不具有独立的法人资格，无法通过指令行事，各组织之间的沟通协调变得困难，因此更依赖于默契与非正式制度。此外，由于存在知识分工，组织及其内部个体在知识链条中扮演着不同的角色，在技术水平、价值思考、工作能力等方面存在着重大的区别，这些区别会导致组织间冲突、进而影响合作效率。所以，在知识链中，组织间的契约合作对实现合作及其合作后续成果十分关键。合作契约能够通过正式制度和条文明确既定合作网络中每个成员的权利和义务，这有利于促进沟通工作的良好衔接。通过契约条款，组织能促使员工明确分工进行知识互动，防止出现合作混乱的情况。

（3）激励功能。除了上文提及的两种功能，激励功能也是帮助员工和组织实现目标的关键。激励在经济学中被定义为一系列奖励或处罚措施，旨在借助信息沟通来激发引导、保持和规划组织成员的行为，以实现某项特定目标。激励方式包括正向激励和负向激励，组织通过正负向激励结合，避免员工个人目标与组织目标冲突，从而提高组织效率和效益。有效的契约规定能够产生激励价值，提高合作成员的努力程度，减少机会主义行为动机，提升合作效率。

第二，不完全契约理论。传统的契约理论认为拟定完全契约是可行的，但这在复杂的、不可预测的现实中难以实现。契约的不完全性使得缔约各方在事前无法确定最优契约，合作者可能面临被准租要挟，导致无效率的专用性投资。学者关心如何减少由于契约不完全所导致的效率损失，并据此发展出一个新的理论分支——不完全契约理论。

不完全契约是指缔约双方难以完全预知合约期内可能出现的各种情况，因此难以签订内容完备的契约条款。契约不完全的根源在于：其一，有限理性，即人的理性思维是有限的，无法完全准确地对未来事件、外在环境和自身作出预判；其二，交易成本，即对未来预判时，相应的预测及措施需要双方协商一致并写入契约，还包括保证正确执行等，都存在高昂的交易成本。在风险方面，由于资产存在专用性，前期投资转换成本可能非常高昂，此时就会导致准租要挟。这种准租要挟就是契约不完备性的重要体现，此时交易方就具有机会主义行为的动机和能力，而这种动机在契约不完备时会进一步被激发。

"敲竹杠"是交易者在不完全契约下的一种后契约机会主义行为，涉及从合作方专用性投资中寻求准租。在某种程度上，契约合作者利用合作契约无法完备、存在漏洞，或者由于后期监督困难、成本高昂，会进行准租要挟，据此导致"敲竹杠"行为的发生；又或者，在再次进行契约合作谈判时，专用性资产的存在可能成为交易方要挟的砝码——交易方以不再进行协商相要挟，进而要求增加自身契约收益，改变既有利益分配状况。如果沟通不成，交易方单方面减少专用性投资，那么这种短缺会导致生产效率降低、生产成本提高。但是，终止契约合作的威胁的存在加剧了合作双方在再谈判时的商务争论，这种讨价还价导致高昂的交易成本进一步增加。上述所讨论的两种成本都是"敲竹杠"问题的必然结果。

为了防范"敲竹杠"风险、保障契约合作的顺利开展，合作双方会采取相应的应对机制，具体应对机制及其原理有如下三种。

（1）契约的自我实施机制。这种机制的强制性最低，因而对契约各方的要求也就最高。其保障的基础是契约各方的商业信誉、过往合作经验、竞争互动关系等。由于这种保障的强制性低，一般没有成文的规章制度，因此效果也常常不尽如人意。契约得以自我实施的重要基础是报复机制的存在，即契约合作各方知道自身违约行为会招致其他各方的报复，在这种惩罚威胁存在的情况下，各方会自发遵守契约。这种机制可以通过惩罚实现，也可以通过文化、惯例、行规等对契约各方行为进行规范而实现。

（2）契约的第三方实施机制。第三方实施机制，是指在契约关系之外的第三方，一般是指国家政府或相关权威机构，通过立法、行政、司法程序等方式来弥补由于契约不完全所造成的无效率。根据几类交易成本，干预学派提出了不同的干预思路和具体措施。

对于高昂的缔约成本导致的契约不完全来说，政府能够提供某种形式的"默示规则"（通常表现为司法解释或司法判例）以调整和规范契约。对于不可证实性导致的契约不完全来说，司法机构会根据除此之外的某些可证实的条款强制执行契约，此时可以实现较好的规范作用。由于缔约各方不会把那些不可证实的条款写入契约，所以在这种情况下，政府提供的"默示规则"就难以达到预期的规范效果。

第三方实施机制具有强制性，但其成立条件比较严苛，应用范围有所局限。一旦某方违背契约，由司法机关介入的诉讼也可能成本高昂。加之法律干预的前提和假设非常严格，法律干预只有在司法机构充分了解具体情况和企业信息，并且具有大量可参考的同质性判例时，才能够达到较好的效果。

（3）纵向一体化机制。如果还存在上述两种机制都无法实现的情况，如合作伙伴的商业信誉难以保障，彼此缺乏先期了解，那么企业可能进行纵向一体化。纵向一体化是通过兼并上、下游企业，实现契约合作内部化。此时，企业边界被打破，此类问题成为企业内部问题，可以通过内部沟通协调解决契约的不完备性；或者说，企业内部权威指令取代市场机制，此时准租要挟问题能从根源上得到解决。企业的纵向一体化将以前企业间冲突转化为企业内部问题，此时问题的性质发生了变化，具体体现在：纵向一体化企业内部履行某项职能时，可以通过权威命令的方式进行沟通；企业之间的纵向一体化以企业内部的权威指令取代合作契约，有利于防范道德风险，也有利于减少交易成本。纵向一体化能够降低以前基于企业间合作的交易成本，也避免了企业间契约纠纷导致的法务纠纷。

综上所述，三种机制各有优劣和适用领域，在具体实践中，企业可结合自身情况综合采用，以降低契约的不完备性，提高合作效率。

由于存在违约行为和机会主义行为的可能性，企业之间的合作成本高昂，维系难度较大。不完全契约理论重视产权安排，并将此视为企业治理的关键所在。企业在不同的情况下，会采用不同的战略选择。长远来看，企业具有多元化、集团化、做大做强的强烈动机；短期来看，企业经常通过合作，如建立战略联盟、实现虚拟制造等方式，实现自身目标。

二、合作相关理论

合作博弈论来自 Neumann 和 Morgenstem 的《博弈论与经济行为》（*Theory of Games and Economic Behavior*），强调的是团体弹性，即效率、公正和公平，通过谈判分工、权衡利益达到合作运行有效状态，理论要点为：有共同目标，合作建立在共同利益的基础上；信息共享，消除信息不对称，优势互补；平等互利，各方根据自愿原则，合理分配；建立强制性契约，约束各方行为，形成监督机制，处罚违约行为。

竞合理论主要来自内勒巴夫（Barry J. Nalebuff）和布兰登勃格（Adam M. Brandenburger）1996 年合著的《合作竞争》，该理论认为企业之间的关系并非单向竞争，而是合作与竞争并存，即通过竞争互动开展合作。

竞合理论与合作博弈论联系紧密，通过互动合作达到共赢是理论的核心内容。合作博弈论认为市场竞争结果基于双方策略性行动，因此互动关系复杂。企业由传统的仅从自身出发的经营观念——认为市场总和既定，是一场你输我赢的较量——转变为考察双方策略性行为和战略结果，力图实现共赢。竞合理论的思维方式是，转变经营理念，关注竞争对手的策略性行动，通过战略选择改变博弈状态，与竞争对手共同考虑市场情况，进行供需分析，扩大市场机会，最终实现竞争互动和共赢结果。

FDI 企业的进入，与本土企业形成既有合作也有竞争的关系，前期的合作会产生溢出效应。技术落后方，通常指本土企业，在模仿学习后进行赶超，反过来对 FDI 企业也产生竞争威胁。原本处于竞争关系的两个企业并非绝对竞争，也可以基于合作导向实现共赢。企业之间不是只有残酷的竞争，还存在合作的可能，这是一种在动态竞争理论上发展出来的新兴企业理念。过分强调竞争可能导致两败俱伤的局面，而合作为企业共赢打开了新的大门。这种战略思想的转变是随着时代进步和理论发展一步一步推进的。

万幼清和王云云（2014）通过构建基于产业集群的协同创新系统，剖析在协同创新系统中企业间竞合关系的动因、影响因素和类型，探究在不同竞合关系类型下产业集群协同创新方式的选择。

无论是合作博弈论还是竞合理论，其关键均在于双赢，这反映了企业在商业战略领域的智慧，这种智慧有着不容忽视的前提，那就是合作参与方必须共同遵守公平合理的市场合作竞争制度规定。此时这种互动关系才能够发挥作用，充分实现企业间的资源互补，共同做大做强市场，提高合作网络中成员的整体绩效表现。竞争与合作关系给企业带来如下四种经济效应。

第一，规模效应。竞合关系的存在有利于扩大企业发挥规模经济优势。虽然每个企业都可能在某个利基市场存在比较优势，但是这种优势无法覆盖全行业。具体而言，尽管单个企业有自身的优势领域，但是合作网络的存在可以帮助企业更好地发挥功效。企业间的合作有利于专业化市场分工的实现，整合各企业在研发、生产、销售、售后等方面的优势，进一步产生规模效应。此外，企业通过合作，制定相应行规与标准，可拓展合作的外部效应。

第二，成本效应。内外部成本高昂是企业提高自身绩效的重要阻碍，而企业竞合网络的存在可以减少企业的内外部成本。当合作网络稳固时，企业之间的长期合作可以修正市场的不完备性，减少市场的不确定和经常调整合作契约所引发的高昂的内外部成本。合作网络的存在促使合作企业长期了解彼此、信任彼此，从而降低每次合作的信息搜寻成本，也可减少后期机会主义行为及合作费用。企业之间相互学习、分享经验和信息，有利于企业提高内部运行效率，降低管理成本。

第三，协同效应。根据资源基础理论，企业的资源具有稀缺性、异质性，因此企业可以通过合作实现资源的互补，进一步创造价值。这种竞合关系不仅能帮助企业利用其他企业的异质性资源，还能通过资源互补提高企业自身的资源利用效率。此外，企业间的竞合关系减少了企业的资源投资成本、增强了组织结构设置和战略规划的敏捷性，通过竞合企业间的互补，实现协同效应，提高整体绩效。

第四，创新效应。企业间的竞合关系帮助合作企业互动学习，一方面有助于处于竞合关系中的企业相互传播、应用、更新知识技术；另一方面也有助于企业发展自身能力，通过能力整合发展高阶能力。此外，处于竞合关系中的企业在信息获取和沟通方面具有成本优势，可以更为便捷地追踪市场动态。企业不断提高自身的创新能力，可以更好地应对市场变化和消费者需求变化，提高业务流程绩效。

三、企业互动理论

企业之间的互动存在多种维度。"互动"一词最先应用的领域是物理学，具体用于研究电子之间的作用关系，后来这一概念在其他的学科领域也有着广泛的应用。在本书中，信息互动指单个企业所拥有或创造的知识资源与其他资源和其他企业交换或分享的过程。进入21 世纪，全球经济联系日益紧密，FDI 企业不再单纯关注劳动力，转而专注当地的配套设施和契约背景等，注重与本土企业的深入联结。另外，本土企业与 FDI 企业互动频繁，联系加深，从实践角度提出了对相关理论的研究需求。下文将阐述 FDI 企业与本土企业互动关系相关的四个经济学理论。

（一）溢出效应理论

溢出效应（spillover effect）的定义是：组织在开展特定行为时，会对组织本身之外的其他组织或旁观者产生影响，这种影响超出了行为本身的目标。[①] 我们也可以更直接地将溢出效应理解为事物在某方面的发展无意识地带动了其他领域的进步。

Caves（1974）为 FDI 技术外溢研究奠定了理论基础。作为技术溢出效应的重要组成部分，知识溢出的具体界定是知识在不同主体之间扩散流动，以及这种扩散流动的动态过程。知识溢出是知识接收者无偿吸收知识输出者的知识，并能动转换的过程。这一过程有以下三个特点：其一，无意识或非自愿的，并非输出者的主观意愿，也不必然是接收者的主观意愿；其二，知识溢出与技术创新紧密联系，技术

---

① 溢出效应分为知识溢出效应、技术溢出效应和经济溢出效应等。本书主要关注知识溢出效应及技术溢出效应。

创新是知识再造的关键过程；其三，知识溢出具有无偿性，它无关知识输出者或接收者的交易成本和研发投入。

关于技术溢出对经济增长的影响作用，Arrow 在 1951 年提出新的研发投资拥有溢出效应，开展研发的企业可以积累生产经验和知识，并提升生产效率，其他企业通过模仿学习，也可以享受到正的外部性。1986 年，Romer 在其知识溢出模型中，用知识的溢出效应说明内生的技术进步是经济增长的唯一动力，指出知识与基本商品的最大区别在于其溢出效应。这种溢出效应的存在使得组织生产、研发知识可以贡献于全社会的生产效率提升，并转化为内生的经济增长动力。1994 年，Parente 进一步拓展了技术扩散的研究领域、探究"干中学"和经济增长之间的关系。他提出企业选择技术和吸收时间的边干边学模型，企业通过组织学习积累的信息技术技能、知识，为技术创新奠定基础。1994 年，Kokko 指出技术溢出效应有两大来源：一是示范、模仿和传播；二是竞争。FDI 企业和本土企业均可通过自身的投资、管理决策影响互动关系中的技术溢出程度。

如果说知识溢出是无意识、非自愿的，那么知识转移与之区别，是有意识的、基于某种目的的传递过程，即在具备主观意愿和溢出能力的条件下，输出者对目标客体进行信息传递的过程。知识转移是基于作用、影响知识接收者的决策行为，实现其提高竞争能力和绩效表现的目的。Gilbert 和 Cordey-Hayes（1996）的研究指出，只有当知识转移和知识创造与获取相互融合时，知识转移的价值才能得到凸显。该研究进一步划分知识转移的阶段：提出知识、共享知识、评价知识价值、传播知识、采纳知识。Argote（2015）界定企业之间知识转移是一个企业（如合作伙伴）的知识经验作用于其他企业的竞争性行动的过程。这一过程说明知识导致了知识接收者行为的改变。Singley 和 Anderson（1989）认为知识转移不仅仅存在于企业外部，企业内部的员工和职能部门也发生着人际的或工作上的知识转移。归纳现有文献，诸多学者关于企业知识转移的研究可进一步划分为四个学派：企业内部的知识转移学派、联盟与跨国公司内的知识转移学派、独立企业间的知识转移学派、国际并购活动与网络中的知识转移学派。

当今全球化竞争中，外商在进入珠三角市场时，其技术垄断优势明显。此外，技术进步对国际经济增长日趋重要。诸多学者开始针对

FDI 的知识溢出现象进行系统思考，并提出下述三种理论。

第一，基于示范效应和竞争效应的 FDI 知识溢出理论。

示范效应、竞争效应是 Caves（1974）在研究 FDI 技术扩散效应时提出的，他认为技术扩散可以绕过国际贸易配额、关税等限制，提高资源配置效率，在外资企业与本土企业的互动竞争中，示范效应开始发挥作用。东道国的本土企业为了参与竞争不得不主动学习、模仿外资企业的先进技术，并不断加大科研投入。Findlay（1978）基于前期研究，提出 FDI 企业与本土企业技术差距越大，技术扩散率就越高，两者正相关；他也第一次明确开启技术传播效应研究的先河。关于竞争效应和示范效应如何影响发达国家对外直接投资的知识溢出，比较系统的思考来自 Kokko 对外商直接投资企业对东道国企业的影响研究。该文结论表明示范效应与技术差距存在正向关系，而 FDI 企业与本土企业的竞争效应也与东道国的市场特征联系紧密。短期内，这些效应可能导致潜在成本提高，但从长期看，东道国本土企业会逐渐赶超 FDI 企业。

第二，基于产业组织和产业联系的 FDI 知识溢出理论。

根据产业组织理论，学者们不断探究外资企业与本土企业在产业结构、产业集聚、产业联结方面的相互作用，并以知识溢出为视角深入研究。有学者认为知识溢出形成了四大产业联结途径：①上下游企业供应生产资料；②上下游企业开展生产、信息技术培训；③对上下游企业和供应伙伴培训管理知识，传播管理经验；④延伸自身产业网络，扩大企业的外部边界，产生更广泛的产业网络。FDI 企业在东道国企业的营销情况依赖于东道国市场环境、政府政策、文化差异等多重复杂因素。东道国供应商企业通过自主学习，可以获得外商直接投资企业的知识溢出并具有明显的本土优势。此理论将东道国市场特点、本土企业生产特点、技术特点等诸多因素纳入产业组织理论的考察范畴。研究结果表明，FDI 企业与本土企业的产业结构联结越深，本土企业对 FDI 企业的产业结构依赖性越强，知识溢出的基础越稳健，知识溢出越广泛存在。

第三，基于人力资本流动的 FDI 知识溢出理论。

FDI 企业知识溢出的路径不仅表现为模仿学习、知识转让、专利交易等物质性交流方式，还表现为 FDI 企业更为直接地培训本土企业员工的生产技能、提升本土企业员工的生产经验，这种交流方式建立在人力资本流动的基础上。

FDI 企业需要从母国引进高素质员工对东道国本土企业的人力资源进行培训、教育、提升以获得自身的人才补给。有学者研究表明，FDI 企业员工能熟练掌握企业内部的技术特点，并获取管理知识、提升管理经验。这种基于人力资源的知识溢出的作用甚至超过了基于技术传播的知识溢出。还有研究表明，员工培养的知识溢出方向与技术知识溢出方向一致，而在发达国家的知识溢出主要基于管理知识。基于珠三角人力资本流动的相关研究表明，本土企业的技术骨干大多有在 FDI 企业学习或国外求学的经验，而本土企业中的管理人员接受过发达国家的 FDI 企业的人力培训并获得经验提升的占比较大。在 FDI 企业工作过的员工离职后，无论是自主创业还是进入本土企业工作，都会应用在 FDI 企业所学习到的先进技术和管理经验，进而产生直接的知识溢出。

（二）创新扩散理论

创新扩散理论由美国学者罗杰斯（Everett M. Rogers）最早提出，是传播效果研究的经典理论之一。该理论是关于通过媒介说服人们接受新观念、新事物、新产品的理论，强调信息传播可以通过影响人们的思维意识作用于企业和宏观经济。罗杰斯认为，创新是一种新颖的观念意识、生产实践或产品服务。创新扩散是个体主观感受到某种知识被传播的基本社会过程。这一社会过程包括知晓（接触创新并了解创新）、说服（形成创新态度）、决定（做出创新决定）、实施（进行创新运用）、确认（强化或终止创新扩散）。这种社会构建过程不断凸显了创新的意义。

在《经济发展理论》中，熊彼特从创新视角探讨经济发展，将创新与经济发展相连接，认为创新就是要建立一种新的生产函数，即可以优化配置、重新组合生产要素，也就是将一种从来没有的关于生产要素和生产条件的"新组合"引入生产体系，最大限度地获得超额利润。企业家的职能就是引进"新组合"，以实现企业创新，这种新的组合能够助力企业实现利润最大化。而企业的职能则是不断实现"新组合"，这种"新组合"会促进宏观经济的发展。这种发展是不断开拓创新的良性结果，而创新是当今经济增长的长期动力和内在要素。

信息技术在不断更新、创新，学者们从不同视角探究了技术创新的定义。熊彼特在《经济发展理论》中，从经济效应出发，将技术创新界定为"引起生产函数或供应函数发生的变化"；在管理学领域，陈荣秋、马士华在《生产运作管理》中，从企业视角观察，把技术创新定义为"进行开拓的、有组织的活动与最有效的工具"；在营销学领域，技术创新是指"新产品或新工艺的第一次商业应用"。整合上述关于技术创新的界定，技术创新不是单个的最终环节，而是一个长期的过程，其包括一个新颖想法从产生到最终引入市场的每个具体的商业活动。信息技术创新是把新的理念、观念、技术、思想应用于某一领域，并重新进行资源组合和商业化，以提高企业绩效和整体市场效率。信息技术创新可以产生于信息活动的全过程，这一过程涉及信息产生、收集、加工、存储，因此技术扩散可分为以下四个阶段。

第一个阶段，技术创新的价值关键体现在商业化过程及其结果中。在这一关键环节，创新龙头企业研发或引进新技术并在企业内部进行资源整合，向市场推出新的产品或服务。

第二个阶段，新技术从创新企业传递到追随模仿企业。创新企业形成的生产优势具有示范作用，会被模仿追随企业学习。此时模仿追随企业通过模仿创新、引进创新和整合创新等方式掌握新技术。

第三个阶段，在追随模仿企业完善新技术、将新技术商业化的过程中，创新企业、追随模仿企业以及其他相关企业共同构成创新产业链，这一产业链的构建和发展又反过来作用于技术创新。企业国际并购、业务流程重塑、构造组织敏捷性等内部行为会不断提升产业链和组织内部的创新能力。

第四个阶段，新技术跨越产业扩散阶段。由于新技术在产业内部的扩散有限，企业不断探究进一步的发挥空间，寻找新的发展机会。

（三）交易成本理论

1937 年，科斯提出交易成本理论①，其基本逻辑在于阐述企业的本质。在现行经济系统中，企业之间的分工和跨越内外部边界的价格运作机制导致了专业分工的出现，当市场运行机制成本较高时形成企业机制，企业内部能更有效地追求经济效率。科斯提出的交易成本理论从社会整体效率角度阐述了企业存在的本质原因。

交易成本的具体界定是，人们在相互联结的社会网络中要达成人际交往、相互合作的意愿所需耗费的成本，也就是人际成本。但深究下去，人类交往活动只要存在，交易成本就会产生，并且无法避免。因此，这种对交易成本的定义外延广泛，所有与促成、执行交易相关的成本都在其范畴之内，对其举例和归纳相当有难度。1975 年，Williamson 基于实践，对交易成本进行了简单的分类：①搜寻成本，包括对交易标的和交易对象两方面的信息搜集，这种信息成本是指交易一方为了获得关于交易产品和另一方交易对象的相关信息，开展前期了解和调查所需耗费的费用；②议价成本，在要约过程中针对合同条款、产品价格、规格品质进行谈判协商所需要付出的成本代价；③决策成本，交易者在做出是否开展此项交易的决策时组织内部的管理成本；④监督成本，在企业达成交易后监督另一方交易对象机会主义行为的成本，具体表现为物流追踪、质量追踪等；⑤违约成本，当交易一方违背契约，其需付出的代价。

此外，1985 年，Williamson 从事前控制和事后控制两个视角探讨交易成本。事前的交易成本是指在正式合作达成之前，前期的沟通、谈判和制定具体条款的相关费用。事后的交易成本是指契约难以执行所导致的高昂代价。1979 年，达哈姆根据交易的具体内容对交易成本进行分类：信息搜寻成本、协商与决策成本、契约成本、监督成本、执行成本和转换成本。这一分类说明了交易的过程及内涵，交易成本就是指为了产生交易行为所伴随产生的各项相关费用，具体包括信息搜寻、商务谈判、签订契约、后期执行监督等各项费用付出。

交易成本的根源在于人性因素与交易环境因素，两者交互作用。

---

① 交易成本理论由科斯 1937 年在论文《论企业的性质》中提出。

交易成本是市场失灵的重要体现，此时市场无法自发实现效率最优。Williamson 进一步提出六种影响交易成本的因素：①有限理性。指基于人类个体在参与交易时无法实现完全理性和自身最优状态，效益最大化也因此受到限制。②机会主义行为。由于信息不对称和道德风险，交易双方有从事机会主义行为的可能，降低了交易的效率。③不确定性与复杂性。由于交易环境的复杂和不确定，交易契约的协商和制定日趋复杂，甚至在履约过程中需要不断修正，因此提高了成本。④专用性投资的资产专用性。由于交易时的一些投资具有专属特征，难以适用于其他交易背景，因此导致准租要挟等问题，降低了市场效率。⑤信息不对称。因为交易一方难以获得另一方和交易标的的完全信息，所以另一方有损人利己的动机，并可以将此动机转化为具体行动。⑥气氛。指交易双方信任基础薄弱且利益矛盾较大，难以实现理性共赢的沟通，导致谈判、交易成本高昂。

科斯定理的最优状态是达到帕累托最优。科斯定理的本质精神在于，该理论认为只要初始产权界定是清晰的，且不存在交易成本或交易成本足够小，此时无论初始产权归属何方，最终都能实现有效率的市场均衡。科斯定理所要求的前提与企业实践中所遇到的真实情况是有所区别的。然而，现实世界中产权往往是不清晰、难以界定的，同时，交易成本也是真实存在的，甚至是企业成本的重要构成部分。此时，单纯的市场机制难以解决由交易成本引发的市场失灵，只有通过政府干预才能弥补市场的低效率。尽管如此，科斯定理还是为市场自发解决由交易成本所导致的市场失灵拓展了思路。在这种思路的指导下，欧美国家先后实现了碳排放权、污染权的相关交易。深究科斯定理最重要的理论发现，其高明之处在于深入剖析了产权对交易成本的影响，阐明了交易费用对现实市场效率的影响，这指导着企业实践中与公司治理相关的诸多重大问题。市场机制并不是完美的，它的有效运行是建立在一系列理论前提之下的，产权配置和制度安排都是有成本的，这一切都与交易成本有关。因此，我们可以认为交易成本是现代企业治理问题的关键所在，也是学界研究的关注热点。交易成本理论应用广泛，许多理论问题和现实困惑都可以通过该理论略窥一二。交易成本从根本上改变了企业和个人的成本观念，成为一种理性的、宝贵的思维方式。

（四）产业集群理论

产业集群理论是在 20 世纪 20 年代出现的一种西方经济理论。产业集群理论由著名学者 Porter 于 1990 年提出，其具体内容是：在一个特定区域内，集聚着诸多相互关联的企业，或是上、下游合作伙伴，或是关联产业的企业，甚至行业协会和服务机构。在集聚区内，企业通过区域集聚资源互补、共享基础设施和物流网络，扩大规模效应和区域效应，提高企业绩效和带动区域经济发展[①]。归纳起来，产业集群存在和发展主要有以下三个方面的依据。

（1）外部经济效应。当区域集群经济存在时，园区内就会有众多相关联的企业。或许单个企业规模和能力并不强大，但是通过发挥资源互补和规模效应，企业之间进行专业化分工和合作生产，就可以极大地提高生产效率和组织绩效，带动区域经济发展。

（2）空间交易成本的节约。空间交易成本是指由空间地理位置导致的物流耗费、信息搜集困难、契约监督障碍所导致的高昂成本。在集群区域内，企业由于空间地理位置邻近，彼此互动较多，相互之间较为熟悉，因此，相互信任、互相依存的关系降低了机会主义行为的风险。集群区域内，企业之间不一定存在契约合作关系，但是这种由空间地理位置邻近导致的非契约的关系普遍存在。因此，相较于企业之间正式的合作，集群区域的这种关系模式更为灵活，成本也较低。

（3）学习与创新效应。产业集群是创新创业的孵化器。集群区域内企业之间存在激烈的竞争与模仿，企业会基于在产业集群区域内观察到的其他企业的状况，不断审视自身情况，创新自身的技术和管理方式。在一个产业集群区域内，因为企业之间易于观察、竞争激烈，所以创新扩散速度较快。创新扩散的高效率是产业集群的重要优势。产业集群区有类似孵化器的作用，园区内创业者云集，不断培养着企业家精神，这种精神风靡创新企业。

---

① Porter 于 1990 年在《国家竞争优势》中提出产业集群（industrial cluster）概念。

本章小结

本章把与 FDI 企业和本土企业互动相关的基础理论分为三类：企业信息传播的相关理论、企业契约合作相关理论、企业互动理论。互联互动是 FDI 企业与本土企业长期存在的一种状态，两者的互动路径包括模仿学习、技术溢出、创新扩散、区位选择、产业集聚、资本互补、竞合等，这些互动的传导路径有着多种可供切入分析的维度，如资本、产业关联、信息、契约、区位等，本书从信息传播、契约合作的基础理论维度入手，对互动相关理论进行观察解构。

第一，企业信息传播的相关理论包括三种信息传播的经济功能：分配功能、交换功能、消费功能。数字鸿沟理论与互动机制的关系侧重大众传播对社会和文化的影响。

第二，企业契约合作理论。契约理论是当今经济学领域，尤其是制度经济学领域发展的前沿阵地。由于发展时间相对较短，该理论还不够完善。不完全契约理论认为契约不完全主要有两个原因：一是有限理性，二是交易成本。竞合理论指出原本处于竞争关系的企业同样具有合作双赢的机会点。

第三，企业互动相关理论。溢出效应理论是指企业从事某项活动导致的超出活动本身的对其他组织或旁观者的影响。创新扩散理论包括技术创新和创新技术扩散等。交易成本理论由科斯提出，是指人们合作交易时所需付出的成本。在本书中，交易成本主要指企业之间合作交流的成本。产业集群理论探讨了某一区域内集聚着相互关联的企业，通过这种区域集聚实现资源互补，节约合作交流成本，降低信息沟通、物流运输费用，扩大规模效应，提升区域竞争力。

第二章　珠三角 FDI 企业与本土企业互动发展的特点

20 世纪 80 年代以来，越来越多的 FDI 企业涌入珠三角与各行业各领域的本土企业产生合作关系，FDI 企业与本土企业的互动合作也涉及多个领域。根据商务部统计数据，2018 年 1—12 月，全国设立 FDI 企业 60560 家，同比增长 69.8%；实际使用外商直接投资金额 1383 亿美元，同比增长 1.5%，呈现逐年增长的态势。[①] 在外资企业与内资企业的合作过程中产生各种契机的同时，也出现多种问题亟待解决，比如双方在投资前期的合作预判与风险规避，投资后期合作稳定性的维持，对机会主义行为的处理，等等。FDI 企业在收益与风险的博弈过程中寻找平衡的同时，本土企业也在学习具备何种条件能更吸引外资。

第一节　珠三角 FDI 企业与本土企业的互动变化

一、珠三角 FDI 企业与本土企业前期的单向作用关系

在我国，FDI 企业投资领域多为高新制造业和服务业，如金融、计算机电子通信、生物医药、信息咨询、商贸物流等。FDI 企业进入珠三角市场后，依靠其强大而先进的技术力量及信息能力，在与本土

---

① 《中国外资统计公报 2022》，参见中国投资指南网（https://fdi. mofcom. gov. cn/come - datatongji - con. html?id = 15681）。

企业合作过程中产生无意的溢出效应或有意的知识转移。此外，这种互动合作多以 FDI 企业的单向输送为主，由于本土企业相对来说技术较为落后、市场竞争能力较低，无论是在上下游纵向产业联结上还是在横向的企业合作上，似乎都在享受 FDI 企业进驻带来的溢出红利。本土企业因 FDI 企业进驻而进一步发展和壮大，相关产业也逐步兴起，FDI 企业与本土企业进而形成新的互动组合。这种 FDI 企业与本土企业的互动模式类似集聚效应中的外商投资聚集，即如果有一家 FDI 企业成功入驻，就会形成示范效应，依靠上下游的联结效应，吸引更多的 FDI 企业和本土企业在此聚集。如贵阳大数据工业园，吸引了众多国内外 IT 产业的供应商、研发商进驻，迅速形成市场化的供应方式，为打造"数字贵州"大数据产业基地奠定基础；在苏州昆山出口加工区落户的宏碁集团是台湾最大的电脑生产企业，进驻后立即吸引了数百家中小型配套企业，形成了一个笔记本电脑生产基地。FDI 企业的进入为当地提供大量工作岗位；引进高新技术、科学理念，促思想创新；资本的循环和信息等流量经济，加速了经济发展，增加了财政税收，增强了当地乃至整个区域的竞争力。

值得注意的是，在 21 世纪 10 年代及之前，我国许多 FDI 企业与本土企业主要处于单向的代工制造（Original Equipment Manufacture，OEM）契约合作阶段，在一定程度上，本土企业集群是 FDI 企业的后方生产加工基地，包括苏州工业园、珠三角工业园区等。FDI 企业与本土企业的互动还局限于单向的知识溢出，如 OEM 契约合作模式。为配合现阶段政府提倡的经济结构转型要求，本土企业需加大科研投入力度。如何实现 FDI 企业与本土企业的良性互动，改变外商直接投资在我国分布不均衡的状态，推动这两类企业的平衡发展，是本书主要探讨的问题，本书在最后也会提出相应的政策建议。

二、珠三角 FDI 企业与本土企业的互动日趋增多

FDI 企业与本土企业的互动和联结更加紧密，对形象企业的示范效应、资产专用性、机会主义行为、资金风险的考量穿插于两者的合作主线之中。FDI 企业和本土企业的契约合作可作为合作流程、合作

程度研究的良好样本，对快速消费品行业中两者合作关系的研究和建模，可以为珠三角的 FDI 企业与本土企业提供良好的参考范式。外资拉动型和外资合作型产业集群具有较强的发展潜能，发展速度也相对较快。产业集群发展较好的地区通常也是外商直接投资分布较多的地区。

　　FDI 包含资本存量、知识和技术等，它对珠三角经济发展的影响是多方位的。作为一种资本存量，FDI 既可以扩大总体财政收入，增加投资资本，又有利于改善投资环境，缓解潜在的局限，促进当地经济发展。东莞、顺德等地依靠 FDI 企业生产外包而形成的服装、电器、玩具等企业集群具有较强代表性，其依托港澳地区产业化的发展需求，充分利用外资优势和人工成本优势，与港澳形成"前店后厂"的合作模式。自 21 世纪以来，经过 20 多年的发展，在这些曾经主要依靠"三来一补"①的中小企业中逐渐成长出一批拥有相当高的品牌知名度的全国性企业。FDI 企业集群"扎堆式"的发展离不开全球经济背景，一方面珠三角日渐强盛、经济快速发展，进一步接轨国际社会，融入国际经济体系；另一方面，珠三角市场资源丰富，市场经济体制日渐成熟，这对于渴求市场以及渴望降低生产成本的 FDI 企业来说，无疑具有巨大的吸引力，他们最开始试探着建立一些低端生产链，进而将整个生产网络搬到珠三角，北京星网工业园、昆山的台资IT 行业同样如此。这种企业集群模式得益于企业早期建立的合作平台，结合 FDI 资金背景和下游销售渠道，将有力促进产业结构升级。贵安新区是大数据产业的重要工业区，是规划了 250 万台服务器的大数据中心集聚区，已吸引华为、阿里、腾讯、微软等知名企业与之开展合作。

　　当今 FDI 企业母公司不再单纯地依靠股权控制子公司，更多的是放弃股权控制，采用技术输出、品牌输出、管理知识输出和企业管理制度输出，把生产基地搬到国外，由外国企业进行生产，并在国外建立采购中心，缩短自己的产程，专事科技研发，有些继而将研发中心也转移到国外，加快其本土化进程，以获取高额利润。

---

　　①　"三来一补"指"来料加工""来样加工""来件装配"以及"补偿贸易"。

第二节 企业信息能力的经济效应凸显

一、企业信息能力提升竞争能力

为适应知识经济的步伐，FDI 企业与本土企业不约而同地积极应用现代信息传播工具和技术，如互联网、计算机、在线运作、在线培训、大数据管理等，以提高其市场适应能力。信息处理能力与企业竞争能力和竞争优势的建立密切相关。在企业内部，信息处理系统、产供销系统的信息化（ERP、信息采集、大数据营销）应用使珠三角的外资企业与本土企业都能极速抓取市场信息，在契约合作中加强信息交流；在企业外部，信息传播工具及其在信息传播环境中的应用，将企业的营销 5P 理论与本土经验结合，以应对市场中的五种竞争力量。

胡翼青（1999）提出企业的信息传播的生产功能，生产都是根据最基本的生产资料展开，在知识经济社会，生产资料不仅仅是物质资料，更是生产者的知识资源。从价值上看，知识资源所产生的价值比重远远超过物质资料，知识的应用影响生产的进行，知识的应用、创新的扩散形成一个信息传播的过程。知识以信息的形式被作为一种资本投入生产，在知识经济社会，信息传播成为社会重要的经济资源，信息传播使企业的竞争能力增强，尤其在网络时代，随着传播的信息量的飞速膨胀和发展以及企业内部系统的信息化程度的提高，企业外部交易成本、信息成本得以降低，产生知识溢出效应。

珠三角企业的信息化主要包括以下四个方面：生产过程信息化；产品设计信息化，如计算机辅助设计；管理信息化，即建立起生产、供应、市场信息分析，用计算机信息技术支撑管理信息系统，以降低成本和能耗、提高产品质量、增加经济效益；产品销售电子化，利用互联网开展的电子商务活动有助于了解国内外市场的需求以获取商机，减少中间环节以降低成本，根据形势调整产品结构以促进产品更新换代。只有抢占了市场份额，企业才能在激烈的竞争中站稳脚跟。贵州的大数据中心发展模式是在西部技术落后地区发展信息能力的良好案例，截至 2015 年 9 月，已有 200 多个大数据信息产业项目落户①，贝格、富士康等大型外资企业，以及阿里、华为等本土企业进入贵州发展，有效提升了当地本土企业的信息技术水平。

与国外的许多大型跨国企业相比，我国绝大多数企业搜集信息的成本是比较昂贵的。企业在获取信息时基本上遵循边际搜集成本等于预期边际收益的原则，而我国绝大多数企业的规模是有限的，对这类企业而言，若想搜集更多信息而保持边际收益不变，信息搜集成本就会提高。这也就意味着小规模企业需要花更大的代价获取最佳信息量，或者说小规模企业在信息获取上明显处于劣势。成本优势就是竞争优势，信息获取优势也是竞争优势，我国企业在信息获取中的成本劣势必然转化为竞争劣势。此外，我国企业的信息搜集还有很多不利因素，如语言的制约、规则的制约等。英语是最多国际组织的官方语言，许多国际性的组织均采用英语发布信息，这类信息对我国很多企业来说，显然难以充分利用。加之美国、英国等西方国家很早就着手建设信息高速公路等信息设施，他们制定规则，也受益于规则。珠三角企业若想使用国外的设施，借助国外的技术，就必须按他们的"规矩"行事，这对珠三角企业的发展显然是不利的。因此，如果本土企业提高自身信息能力，就可以在企业信息化过程中降低信息成本、交易成本，提高技术水平，最终提高企业的竞争能力。

二、本土企业崛起与外资撤离

在"2022 中国民营企业 500 强"榜单中，广东省共入围 50 家企业，占 500 强比例为 10%，主要分布在珠三角地区，其中深圳 27 家、广州 8 家、珠三角其他城市 14 家；广东企业营业收入总额达到 56287.53 亿元，占 500 强比例 14.13%，资产总额 83369.22 亿元，占 500 强比例 18%，包括腾讯、万科、比亚迪、美的等。我国民营企业 500 强的入围"门槛"逐年增加，2022 年入围门槛达 275.78 亿

---

① 《贵州加快大数据产业布局 已有 200 余项目落户》，参见人民网（http://culture.people.com.cn/n/2015/0930/c172318 - 27653095.html）。

元，同比增加了 12.11 亿元，相较于 2013 年，同比增加了 184.56 亿元。[1] 随着改革的深入，国民经济向新常态过渡，许多传统企业打破常规，勇于跨出行业界限，成为行业颠覆者，同时在互联网等新兴领域发展的企业也快速成长，成为我国民营企业 500 强的新生力量，如京东、腾讯、百度、阿里等。此外，重化工企业进一步减少，先进制造业数量有所增加。

2018 年以来，作为 FDI 企业主要栖息地的珠三角地区和环渤海湾地区市场格局发生变化，韩资企业和港台企业部分撤离。金融业的外商投资企业数量从 19059 家持续下降，农、林、牧、渔业的外商投资企业数基本无增长。人民币也在 2017 年年末以后走势不稳，放缓的经济增速和下行的房地产市场导致坏账及债务违约，按照这一趋势持续下去，虽可以通过加息来吸引部分热钱留驻境内，但同时也需要依赖降息以刺激经济增长，面临两难境地。国外投资机构认为珠三角投资者对中国国内金融体系的脆弱性重视不够，资金流出事实上反映了投资者对珠三角经济稳定性的怀疑。有学者认为当下正在发生的资本外流不仅仅是资本的短期撤离，有可能是 FDI 企业资本长期流出的前兆。当然，资本流出不是资本外逃，资本流出也属于合乎情理的调整，不能简单地一概而论。表 2 - 1 是全国外商投资企业数在 2015—2021 年的表现，可与表 2 - 2 珠三角 FDI 的表现进行对比。

表 2 - 1 2015—2021 年全国外商投资企业数

单位：户

行业	2015	2016	2017	2018	2019	2020	2021	年均增长率/%
农、林、牧、渔业	6937	6866	6832	6962	6910	6848	6913	0%
采矿业	833	788	767	739	765	765	744	-2%
制造业	158256	154158	147547	141144	135260	128421	125674	-4%

---

① 《2023 中国民营企业 500 强发布报告》，参见中华全国工商业联合会网站（http://www.acfic.org.cn/ztzlhz/cwhy131_ 8869/2023my5bq_ 05/202309/t20230905_195489.html）。

续上表

行业	2015	2016	2017	2018	2019	2020	2021	年均增长率/%
电力、燃气及水的生产和供应业	4594	4919	5156	5202	5263	5390	5710	4%
建筑业	5181	5243	5791	6987	7253	7394	7804	7%
批发和零售业	109833	121447	141322	165725	190481	194684	203560	11%
交通运输、仓储和邮政业	11791	12329	12685	13153	13174	13155	13547	2%
住宿和餐饮业	27229	29490	32027	34536	36703	38468	42812	8%
信息传输、计算机服务和软件业	42435	43239	41940	47425	48902	49890	52226	4%
金融业	11708	14174	16638	19059	18489	17925	17472	7%
房地产业	17668	17559	17777	17983	18192	18538	18956	1%
租赁和商务服务业	50673	56401	64479	76032	79005	82053	86406	9%
科学研究、技术服务和地质勘查业	24064	27628	33558	42714	49034	52640	59680	17%
水利、环境和公共设施管理业	1120	1189	1308	1496	1543	1622	1705	7%
居民服务和其他服务业	4626	4688	5134	6029	6271	6416	6565	6%

续上表

行业	2015	2016	2017	2018	2019	2020	2021	年均增长率/%
教育	463	531	635	765	892	970	993	14%
卫生、社会保障和社会福利业	277	349	441	534	641	716	830	20%
文化、体育和娱乐业	3229	3846	4000	6334	7000	8443	10303	22%
其他	262	307	379	457	852	1064	1662	38%
总计	481179	505151	539345	593276	627223	635402	663562	6%

数据来源：国家统计局2015—2021年年度数据。

从表 2-1 可以看到，2015 年之后外商投资企业数有小幅增长，2015—2021 年年均增长率为 6%。其中，占总外商投资企业数最大比重的制造业年均递减 4%，信息传输、计算机服务和软件业年均增长幅度达到 4%，增长最大的前三位分别是文化、体育和娱乐业，卫生、社会保障和社会福利业，科学研究、技术服务和地质勘查业，年均增长率都达到两位数。

由表 2-2 可知，2012 年到 2015 年，珠三角实际使用 FDI 金额的同比增幅为 3.0%～10.4%，2016、2017 及 2019 年分别下降 11.8%、3.4%、21.6%，2020 年实际使用 FDI 金额为 319.8 亿美元，同比增长 29.5%。

表 2 - 2　2011—2020 年珠三角实际使用 FDI 金额

单位：万美元

年份	广州市	深圳市	珠海市	佛山市	江门市	肇庆市	惠州市	东莞市	中山市	合计	同比增长率/%
2020 年	708000	868300	255600	459187	82649	94400	556700	115430	58132	3198398	29.5%
2019 年	714300	780 944	242400	511300	82329	94100	642500	127547	55154	2469630	-21.6%
2018 年	661100	820300	219200	457300	73400	94400	634900	136100	52700	3149400	44.4%
2017 年	628947	740126	243304	162349	51096	18135	114354	171893	50934	2181138	-3.4%
2016 年	570120	673227	229466	147167	47634	37049	114252	392617	47446	2258978	-11.8%
2015 年	541634	649733	217789	237728	87941	139447	110499	531982	45682	2562435	3.0%
2014 年	510700	581000	193099	265588	85377	133317	196582	452919	68079	2486661	7.8%
2013 年	480400	547000	168730	252089	92304	124109	183417	393775	64637	2306461	7.0%
2012 年	457500	522944	144682	234984	86985	115159	172782	336938	84177	2156151	10.4%
2011 年	427009	459921	133764	215440	78914	102893	156803	305052	73044	1952840	—

数据来源：各城市统计年鉴（2011—2021 年）；前瞻数据库。

三、数字鸿沟与中国企业互联网应用状况

数字鸿沟的概念自提出以来就得到了世界各国的关注①。通过长期研究，我们发现数字鸿沟有以下两个发展趋势。

第一，中国数字鸿沟明显，但在逐年缩小。

如图 2-1 所示，国家信息中心网站数据显示 2016 年中国数字鸿沟总指数为 0.38，数字鸿沟②仍然明显，但从 2006—2016 年发展看，中国数字鸿沟总指数呈逐年下降趋势。在这 10 年间，中国数字鸿沟总指数整体上缩小约 43%。

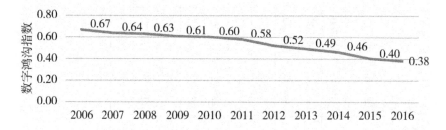

图 2-1　中国数字鸿沟总指数变化

资料来源：国家信息中心《2020 中国数字鸿沟报告》③。

由于经济发展水平、产业结构不同，各地区企业之间的计算机使用率和互联网使用率也存在差异，总体来看，截至 2013 年 12 月，全国使用计算机的企业的比例为 93.1%，行业最高与最低相差 7.3%（信息传输、计算机服务和软件业 99.1%，制造业 91.8%），如图 2-2 所示。

---

① 2005 年，国家信息中心组建"中国数字鸿沟研究"课题组，建立了"相对差距综合指数法"及其分析模型，对"数字鸿沟指数"（digital divide index）进行跟踪测算和研究。对区域主要信息技术产品扩散和数字鸿沟演变状况进行了测算和分析。

② 数字鸿沟主要表现在城乡之间和地区之间。2015 年城乡数字鸿沟指数为 0.44，即农村信息技术应用水平比城市信息技术应用水平落后 44%；地区数字鸿沟指数为 0.32，即最落后地区的信息技术应用水平比全国平均水平落后 32%。

③ 2021 年 4 月查国家信息中心网站，无 2017—2020 年中国数字鸿沟数据。

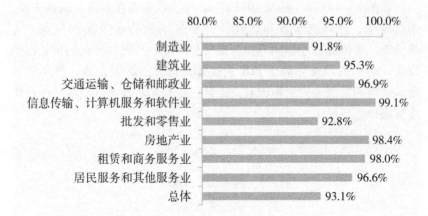

图 2 – 2　截至 2013 年 12 月使用计算机的企业比例（部分重点行业）

资料来源：中国互联网络信息中心《2013 年下半年中国企业互联网应用状况调查报告》。

如图 2 – 3 所示，相比行业间使用计算机的企业比例差异，不同行业间互联网使用率差异更大，截至 2013 年 12 月，使用率最高的仍是信息传输、计算机服务和软件业。

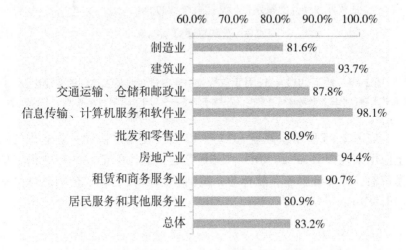

图 2 – 3　截至 2013 年 12 月使用互联网的企业比例（部分重点行业）

资料来源：中国互联网络信息中心《2013 年下半年中国企业互联网应用状况调查报告》。

如图 2-4 所示，截至 2013 年 12 月，就开展在线员工培训来说，信息传输、计算机服务和软件业开展过培训的企业比例最高，为 38.7%，而传统行业如制造业、批发和零售业开展过培训的企业比例较低，均不到 25%。对于 FDI 企业尤其是大型跨国企业，技术培训是其招聘和发展人力资源的有力工具，也是 FDI 技术外溢效应的重要传输路径。

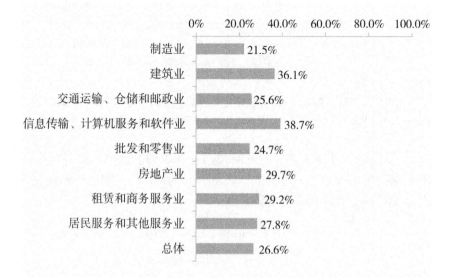

图 2-4　截至 2013 年 12 月重点行业中开展过在线员工培训的企业比例
资料来源：中国互联网络信息中心《2013 年下半年中国企业互联网应用状况调查报告》。

如图 2-5 所示，截至 2013 年 12 月，使用过协助企业运作的网上应用系统如 E-sales、CRM、ERP 等的企业比例最高的行业仍是信息传输、计算机服务和软件业，达到 31.1%，远高于全国总体水平（19.5%）。

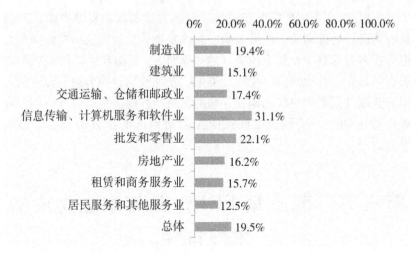

图 2-5 截至 2013 年 12 月重点行业中使用过协助企业运作的网上应用系统的
企业比例

资料来源：中国互联网络信息中心《2013 年下半年中国企业互联网应用状况调查报告》。

相对于本土民营企业，2008 年之前 FDI 企业在技术培训和企业运作系统方面的投资明显更多，实施工作显得更加系统而有序。综合以上计算机、互联网和在线应用系统使用的情况，我们把综合使用率高于总体平均水平的行业如信息传输、计算机服务和软件业，房地产业，建筑业，归类为高数字相关行业；低于行业总体平均水平的行业如制造业、批发和零售业、居民服务和其他服务业归类为低数字相关行业。其他如交通运输、仓储和邮政业，租赁和商务服务业等中等数字相关行业，介于上述两者之间。

第二，世界范围内，数字鸿沟日趋加剧。

信息技术是信息革命和数字化时代的原动力，它本应有助于缩小全球知识差距、促进区域经济普遍增长、更好地提高人们的生活水平，但现实并非人们所期待的那样。事实上，发达国家或一个国家的发达地区由于自身具有优势，特别是信息技术优势，其获取信息资源的能力强，在信息资源掌控上占据主导，并越拥有越丰富，进而成为"信息富国""信息富区"；而欠发达国家或一个国家的欠发达地区在技术和信息上落后，日渐成为"信息贫国""信息贫区"，落入"信息贫困"之中和数字鸿沟的另一边。国际间数字鸿沟巨大，国家统计局对世界 28 个主要国家和地区（包括发达国家和发展中国家）信息能力进行研究测算，结果表明，总体来说，发达国家的互联网指数得分排名普遍高于发展中国家（除中国外），美国和中国的互联网发展水平领先于其他国家，德国、英国、新加坡综合排名前五。欧洲各国的互联网发展实力较均衡，互联网发展指数得分普遍位居前列，发展中地区如拉丁美洲及非洲撒哈拉以南地区的指数得分总体排名靠后。[①]

第三节　珠三角 FDI 企业与本土企业的契约合作

一、珠三角 FDI 企业与本土企业的合作增多及 FDI 企业本土化

20 世纪 80 年代以来，越来越多的 FDI 企业涌入珠三角各行业领域与本土企业合作。2018 年 1—12 月全国新设外商投资企业 60560 家，同比增长 69.8%；实际使用外商直接投资金额 1383 亿美元，同比增长 1.5%。[②] 在规模增长的同时，形成如下三种 FDI 企业与本土企业互动合作趋势。

第一，契约精神及契约遵守趋势。FDI 企业与本土企业契约合作投资，FDI 企业具有管理规范有序、遵守契约精神、注重商业伦理和社会责任等特点；许多本土企业则具有作坊式、灵活多变、机会主义行为充斥的特点。在外资与内资合作过程中产生各种契机的同时，也出现多种问题亟待解决，如双方在投资前期的合作预判、风险规避，维持投资后期的合作稳定性，对机会主义行为的处理，等等。FDI 企业在收益与风险的博弈过程中寻找平衡的同时，本土企业也在学习具

---

① 数据来源：国家工业信息安全发展研究中心《世界互联网发展报告 2020》。

② 《中国外资统计公报 2022》，参见中国投资指南网（https://fdi. mofcom. gov. cn/come - datatongji - con. html?id = 15681）。

备何种条件能更吸引外资。值得一提的是，在我国加入 WTO 后，国内经济日益与国际经济环境接轨，市场更加开放，市场经济、国际化经济合作的法律体系逐步完善。

第二，FDI 企业独资化和并购合作趋势。FDI 企业最初进入珠三角时，为了尽快融入本地市场、争取最大利益，同时避开投资政策限制，不约而同地选择了合资或合作的方式，但在市场运行起来后，有些外商投资者发现，合资方式下的付出与收益达不到理想的平衡状态，并且成本高、效率低。同时，在合作过程中遇到的很多问题如机会主义行为、专用资产捆绑、前期资金风险、企业文化兼容等，导致合作难以达到预期效果。FDI 企业逐渐认识到，要想提高投资公司的效益，改善公司的运营效率，独资改造势在必行。只有完成独资改造，FDI 企业才能够大胆地将新技术、新管理与经验引入珠三角市场，才能够将一些更高端的产品与生产制造技术转移过来，同时还要采取强有力的保护措施，如全球统一的知识产权保护措施。宝洁（中国）有限公司先是于 2000 年提前终止了与北京日化二厂的合资合作，完成了其设立于北京通州的合资洗衣生产厂的外商独资改造；紧接着，广州宝洁（美国宝洁在珠三角设立的第一家中外合资企业）也基本上完成了从控股到外商独资的转变过程。在具有巨大市场的汽车行业中，珠三角众多的日本汽车零部件生产公司一半以上都是丰田、本田和日产三大汽车公司设立的配套独资企业。

第三，FDI 企业本土化趋势。①研发中心本土化。近年来，珠三角 FDI 企业建立的技术研发中心出现持续增长的态势，技术研发本土化程度不断加深。包括很多国际知名企业在内的 600 多家外商已在我国投资设立研发中心，尤其是 2015—2017 年，每年有 200 多家外商研发中心在我国设立。当然，外商研发本土化的迅猛发展离不开我国政府在政策上的大力支持。日本企业在珠三角投资的有索尼、松下、理光、NEC、日立等，这些大型知名跨国企业也加速"珠三角研发战略"落地，不再将我国简单地视为"制造工厂"，而视为"研发基地"。②管理人员本土化。珠三角本土人才资源丰富，对当地市场熟悉，在 FDI 企业内部表现良好并渐渐占据高层管理位置，带领不少 FDI 企业分支逐步占据市场，业绩攀升。珠三角 FDI 企业组织由此逐渐倾向于用本土人才代替外籍人员管理团队和运作市场，这已成为珠三角 FDI 企业组织结构调整的普遍趋势。③原材料采购和设备本土化。1982—2003 年，百事投资有限公司在珠三角的原材料采购成本就已超过 200 亿元，现已实施全面的原材料采购和设备本土化。国际上许多著名的 FDI 企业都相继在我国设立采购中心，如美国的沃尔玛、IBM、英特尔、麦当劳、微软，法国的圣戈班，荷兰的飞利浦，日本的松下、日立、三洋、东芝、柯尼卡，等等。

FDI 企业的本土化具有多种模式，包括：技术合作模式，如 IBM 核心技术、源代码对珠三角企业的开放；业务转让模式，如 2015 年惠普与珠三角企业紫光股份达成合作协议，后者收购惠普公司旗下"新华三"公司股权成为该公司的控股股东；完整出售模式，一般是在国外安全厂商很难进入主流的敏感领域，如作为珠三角网络安全市场的领导型厂商——趋势科技，将自己的珠三角业务完整出售给本地企业亚信科技，完成国际化与本土化的结合；合资模式，如 2018 年思科与 TCL 成立合资公司，共同建设商用云服务平台，以中小企业为主要目标市场。

FDI 企业的市场策略分阶段进行。第一阶段是珠三角制造。FDI 企业利用国内的廉价劳动力，在国内设厂生产产品，销往全球各地。第二阶段是珠三角销售。随着珠三角经济的发展，国内用户对 IT 产品的需求趋于旺盛，FDI 企业都把珠三角市场作为战略重点。珠三角市场的销售收入占全球销售收入的比例如今普遍增加到 5% ～ 10%，有些企业甚至更高。第三阶段是珠三角研发。利用国外的人才优势，国外 IT 企业纷纷在国内设立研发机构，为全球开发产品，或者做基础技术的研究。第四阶段，向珠三角转移技术。通过与本土企业的合作，国外企业把技术转移到珠三角，从而提升本土合作伙伴的技术能力。这也被认为是对珠三角市场的进一步深耕。

二、企业契约法制环境日趋完善

2008 年金融危机之后，珠三角企业在与 FDI 企业的国际谈判中表现出越来越强势的主导地位，对控股和技术转让等要求有所增加。在一些市场吸引力较大、竞争较为充分的行业中，传统的"用市场换技术"思维已不能适应企业需求。本土企业实力的增强与壮大使得 FDI 企业在本土市场的发展规划更加谨慎，新合资项目都要进行充分考量。现在在我国拥有数十家集团企业的日本日立公司，于 20 世纪 60 年代便来到珠三角，70 年代就成立了第一家驻京日本制造企业。经过几十年的发展，拓宽市场的需求日益增强，如珠三角的新能源市场，但日立公司并不打算走合资这条道路，他们在积极寻找新的合作方式。国内 2001—2003 年出现的独资潮，正是由不少合资公司在企业管理、决策方式甚至在文化背景等方面差异磨合失败引发的。

市场经济即契约经济，珠三角本土市场的企业契约化程度完善，对外资进入是利好消息，国外投资者对合作的珠三角本土企业存在的机会主义行为抱有质疑态度，一般采用严谨甚至苛刻的契约条款保障前期专用性资产投资效率及前期资金投入安全，以及避免后续合作期被"敲竹杠"的风险。良好的契约合作能提高 FDI 企业与本土企业的执行效率、降低交易成本、促进提高生产率。全球四大啤酒集团之一的嘉士伯集团在珠三角能够并购西部各大啤酒厂，其严密的契约约束及嘉士伯对契约法制环境的把握功不可没。商务部批复嘉士伯要约收购重庆啤酒通过反垄断调查，证监会依法对嘉士伯的行政许可申请材料进行了审查并予以受理，使得嘉士伯集团在西部啤酒市场大展拳脚。同时，2012 年后新出台的劳动法，如最低工资保护、最低社会保险、离职保护等条款，在保障劳动者利益的同时，企业的用工成本也相对有所上升，减弱了企业用工灵活性。

中国政府近几年陆续出台和调整了一系列重要法律法规，如《中华人民共和国合同法》《中华人民共和国消费者权益保护法》《中华人民共和国保险法》《中华人民共和国劳动合同法》等，对于实质契约自由、多边契约自由以及理性契约自由的实现起到巨大的规范和促进作用。例如，2017 年《中华人民共和国消费者权益保护法》第二十五条引入了消费者的后悔权制度。在契约法制环境下，FDI 企业也难逃行为失当的处罚，2013 年国家发展改革委对高通公司进行反垄断调查，2015 年依法对高通公司处以 60.88 亿元罚款；2014 年长沙市中级人民法院对葛兰素史克行贿非国家工作人员行为处罚 30 亿元，并对相关责任人作出刑事处罚。

本章小结

本章阐述了 FDI 企业与本土企业的现状和发展特点。

第一，珠三角 FDI 企业与本土企业前期的互动关系是单向的。FDI 企业进入珠三角市场后，依靠其强大而先进的技术力量及信息能力，在与本土企业合作过程中产生无意的溢出效应或有意的知识转移。而且这种互动合作多以 FDI 企业的单向输送为主。

第二，FDI 企业与本土企业的互动日趋增多。FDI 企业和本土企业的互动和联结更加紧密，对形象企业的示范效应、资产专用性、机会主义行为、资金风险的考量穿插于两者的合作主线之中。FDI 企业和本土企业的契约合作可作为合作流程、合作程度研究的良好样本，对快速消费品行业中两者合作关系的研究和建模，可以为珠三角的 FDI 企业与本土企业提供良好的参考范式。外资拉动型和外资合作型产业集群具有较强的发展潜能，发展速度也相对较快。产业集群发展较好的地区通常也是外商直接投资分布较多的地区。

第三，企业信息能力的经济效应凸显。FDI 企业与本土企业不约而同地积极应用现代信息传播工具和技术如互联网、计算机、在线运作、在线培训、大数据管理等提高其市场适应能力，IT 信息处理能力与企业竞争能力和竞争优势的建立密切相关。就企业的信息传播的生产功能来说，生产都是围绕最基本的生产资料开展，在知识经济社会，生产资料不仅仅是物质资源，更是生产者的知识资源。

第四，本土企业崛起，部分外资撤离。作为 FDI 企业主要栖息地的珠三角和环渤海湾地区市场格局的变化，部分韩资企业和港台企业进行撤离。现有研究主要讨论劳动力这一影响因素，本书从信息传播的角度分析本土企业对 FDI 企业竞争挤出的效应。

第五，珠三角 FDI 企业与本土企业的契约合作增多及 FDI 企业趋向本土化，这包括研发中心本土化、管理人员本土化、原材料采购和设备本土化。

第六，契约法制环境日趋完善。市场经济即契约经济，珠三角本土市场的企业契约化程度完善，对外资进入是利好消息，国外投资者

会采取措施应对部分企业的机会主义行为，一般采用严谨甚至苛刻的
契约条款保障前期的专用性资产投资效率及前期资金投入安全。

第三章 珠三角 FDI 企业与本土企业的互动机制

机制①原指机器的构造和工作原理，本义指机器由什么部分组成，机器整体通过这些组成部分如何运作及为何这样运作。经济学中的经济机制是指一定社会经济机体由何种要素构成，各要素之间如何相互联系、相互作用、相互制约及其功能，它存在于社会再生产的生产、分配、交换、消费的全过程。本章讨论的珠三角 FDI 企业与本土企业的互动机制是基于信息传播和契约合作的维度，指的是珠三角 FDI 企业与本土企业之间的相互作用和相互影响，以及互动产生的动因、传导路径、过程和规律。王海云（2004）对互动机制的机理研究从以下三个方面展开：①互动主体与客体。即输出方、接收方和中介机构。②能量分析。即互动系统运动持续发生的动力、条件、动因和效度。③过程分析。即知识信息从输出方到接收方的渠道和过程。借鉴其研究，本书将从珠三角 FDI 企业与本土企业互动机制的主体构成、动力条件、互动形式、经济效应、作用路径五个方面入手进行分析。

---

① 机制，指有机体的构造、功能及其相互关系，亦指机器的构造和工作原理。语出清代丘逢甲《汕头海关歌寄伯瑶》："西人嗜糖嗜其白，贱买赤砂改机制。"在社会学中，其内涵为"在正视事物各个部分的存在的前提下，协调各个部分之间关系以更好地发挥作用的具体运行方式"。

第一节　珠三角 FDI 企业与本土企业的互动机制——基于信息传播维度

一、基于信息传播的互动机理

从信息经济与知识经济及相关理论看，二者是紧密相联、不可分割的。知识经济来自信息经济，知识经济的发展与现代信息技术紧密相关。进入 21 世纪，互联网接入、电子邮件、大数据应用和云端数据处理等新型信息传播方式①的更新换代极大改变了国家、社会、企业和人与人之间的联系模式，也影响着珠三角 FDI 企业与本土企业之间的互动过程和互动关系。信息本身就是知识产业的重要组成部分，在整个社会经济中占有重要的地位，这使得信息传播具有经济功能，通过信息的收集、传递和反馈，解释企业互动过程中的经济行为。信息传播技术的发展及其应用的颠覆性变革，使得人、企业和社会之间的关系发生根本改变，包括企业之间的商业关系的改变。

图 3 - 1 是信息传播的过程，信息传播过程的主体包括输出方和接收方，信息通过传播渠道进行传递，到达接收方，接收方对信息进行收集和处理，最后部分信息会反馈回输出方进行再次传播。

---

① 信息的传播方式包括四类，按照时间先后排序为：纸张通信传输，如书信报纸；有线传输，如电话、传真、电视、电报；无线传输，如移动电话、收音机、对讲机；数字通信传输，如互联网、计算机、数字电视、大数据、云数据库。

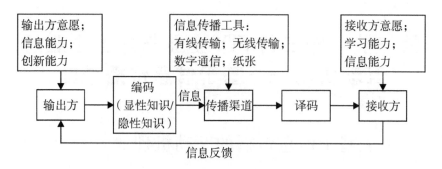

图 3 - 1　信息传播过程

资料来源：根据众多文献资料改编绘制。

　　图 3 - 2 描述了珠三角 FDI 企业与本土企业的互动过程和互动机制，与图 3 - 1 的信息传播过程相对应。由于信息、知识和技术的异质性，基于信息传播维度对互动机制进行的研究，可以按照信息传播过程分解互动机制中知识要素的溢出过程。互动机制包含了信息传播过程中的主体构成、动力条件、互动方式、经济效应、作用路径，珠三角 FDI 企业和本土企业的互动过程由动力驱使，在具备一定的动力条件后，技术、知识和信息要素在两类企业间传递，传递过程中受到作为载体方的中介机构的作用影响，最终形成作用于互动双方的经济效应。在珠三角 FDI 企业和本土企业的互动过程中，两者的角色可能会转换，前期珠三角 FDI 企业是输出方，本土企业是接收方；后期本土企业也可能反客为主，逆向作用于珠三角 FDI 企业，并把有效信息反馈回输出方进行再传播，从而形成一个双向的、循环的传播过程。

　　第一，主体构成。

　　互动机制的主体构成包括输出方、接收方和载体，这里的输出方是珠三角 FDI 企业、接收方是本土企业，载体是作为中介机构的流动人员、教育、科研、社会服务机构。需要注意的是，随着时间的推进，主体角色会互换，前期的输出方为珠三角 FDI 企业，到后期由于本土企业的追赶或超越，部分珠三角 FDI 企业成为接收方。接收方在接收到信息知识后，会形成自身能力要素，并将有效信息反馈回输出方，促使输出方对自身的传播方式和内容进行改良及再传播。

　　知识信息与商品不同，需要载体（人或物）传播。①流动人员；

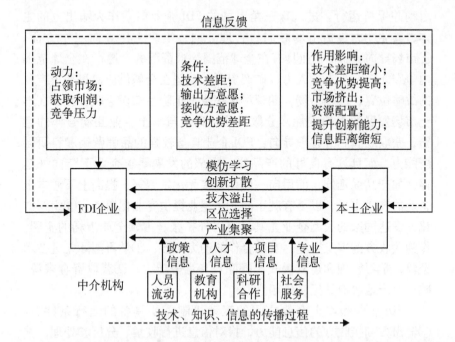

图 3-2 基于信息传播维度的珠三角 FDI 企业与本土企业的互动过程和互动机制
资料来源：作者自行绘制。

通过人员流动传递知识信息；企业间专业人才流动是知识流动的主要方式。例如，研发人员数量多、水平较高，具有专业化知识，珠三角 FDI 企业和本土企业之间的研发人员招聘流动带来了专业技术知识的流动。②教育机构：高等院校、培训教育机构教书育人的过程，是一种传统的知识要素传播的过程，传播的内容以显性知识为主。③科研机构：企业科研合作提高技术、促使技术创新，技术通过不同路径传播到行业内或行业外企业，形成知识储备及分享。④社会服务机构：社会中介机构在提供贸易咨询、产品代理服务的过程中，如在机器设备的引进和升级使用过程中，产生知识外溢效应；在产品贸易过程中，对上游供应商的产品进行剖析和模仿，向下游客户学习生产、营销和服务的方法。

第二，动力条件。

与机器系统一样，任何动力系统只有具备一定的动力和条件才能启动并保持运行。进入珠三角市场的 FDI 企业前期作为输出方的主体，其驱动力包括市场导向、管理导向、组织文化导向三个方面。①市场导向：FDI 企业具有在全球范围寻求资源的意愿，在全球范围内争夺能源、生态、人力、矿产资源，期望在全球供应链里获得有利的战略位置；占领市场，期望尽早获取本土隐性知识经验，减少在本土市场发展的不确定性，分散风险，具备与本土企业互动合作的意愿，获取利润。②管理导向：FDI 企业具备较强的品牌营销和科研创新能力，而且具有良好的产品线，内部的发展要求企业不断向外延伸，如产品线延伸，前后向一体化、多元化发展等；提高上下游本土企业的技术水平，以更有利于向 FDI 企业提供专业化服务。③组织文化：发达国家的大型企业尤其具有对外扩张、占领全球市场的企图。作为接收方的本土企业，互动合作的动力来自：①学习国际先进技术经验，学习管理和运营模式，提高自身竞争能力；②获取资金来源，减少对当地政府的经济依赖。

FDI 企业和本土企业之间的互动机制需要具备的运行条件有：①输出方和接收方的信息能力，指对信息进行收集、分析和处理，并将处理过的信息转化为生产和销售等的能力。②传播能力和传播意愿，指输出方具有知识和信息沟通的能力和意愿。③学习能力，指企业需要快速适应市场变化，吸收、学习新技能。④现代企业制度。FDI 企业具备国际先进的现代企业制度。⑤信息环境。互动过程处于信息传播顺畅或困难的环境下，将对互动效果产生不同影响，这与双方沟通的有效性相关。⑥技术差距或知识沟。如果两者的技术水平相等，则不具备势能高低的条件，不发生机制内的动能传递；但如果两者信息知识水平差距过大，且接收方学习能力有限，则难以有效吸收输出方的技术知识；只有在两者水平接近，且专业领域接近的条件下，才会使互动双向的知识信息交流达到最佳效果。以上关于 FDI 企业和本土企业产生互动的外因均来自企业外部的市场环境，内因来自企业内部谋求发展的动力。在外因和内因共同驱使下，FDI 企业从国外总部引进新技术或通过珠三角当地的研发分支创新技术，本土企业同样通过自己的研发进行创新，在一轮技术竞赛之后，珠三角 FDI 企业与本土企业都获得创新技术，并将之物化以提高企业的竞争能力。技术创新企业为占有更多市场份额及获取更多利润，通过技术转让提高上下游企业的服务能力，珠三角 FDI 企业为了保持技术优势和提高自身竞争力，加大研发力度，结果产生新一轮的信息传播和互动。

珠三角 FDI 企业与本土企业的互动需要双方都具有互动的意愿和能力。当以下情况发生时，两者之间很难实现互动：第一，FDI 企业拒绝互动。FDI 企业执行技术封锁，封堵技术溢出的渠道；或者剥离核心的研究，将低层次的研发放在东道国，本土企业难以从合作中获益，从而降低与其互动的动机。第二，本土企业拒绝互动。反过来，本土企业实行技术封锁战略，本土市场或政府机构通过设置政策壁垒，防止本土人才、技术等流向 FDI 企业，FDI 企业将很难从东道国获取创新技术资源，导致研发活动难以开展或仅限于低层次支持活动，FDI 企业的技术溢出效应会因此降低。

第三，互动形式。

由于各主体之间互动形式的不同，知识和信息要素可以通过不同形式进行传递。基于此，知识和信息传播的形式可分为以下四类。

（1）人员流动。人才在不同时间和空间范围内流动，人才是知识的载体，载体的流动势必带动了知识的流动，促进了新知识的创造，也加快了知识的传播（Almeida and Kogut，1999），进而促进企业的技术进步。

（2）研发合作。产学研等机构是知识创造和溢出的源泉，产学研之间的信息交流为知识溢出创造了条件，产学研等机构为创新互动提供了信息平台，从而有利于知识的溢出（Feldman and Francis，2002；Chariot and Duranton，2004）。这种互动的主要载体为教育机构和科研机构，如高等院校、培训学校、企业科研机构等，科研合作促使技术创新，技术通过不同路径从产学研机构传播到市场和行业内外形成具有经济价值的生产力。

（3）企业集群活动。企业在区域集群中获得大量知识，区位优势也在企业集群活动中发挥了重要影响（Audretsch and Fritsch，2002），在距离较近的区域，有利于前后向企业的知识溢出效应。区位处于劣势的企业，其发展会受到一定的阻碍，但是企业的信息技术手段能跨越区位障碍，在信息技术发达（数字鸿沟小）的行业和区域，创新知识通过现代信息技术工具、通过各个渠道向外传递，接触众多企业，为企业收集和利用创新知识提供了可能。创新知识源泉像一个磁石,吸引着企业和其他资源进一步靠拢,这种集群的经济示范效应通过 IT 水平高的行业扩展出去,被 IT 能力、学习能力较高的企业快速模仿吸收,并将对此效应的反馈通过现代信息技术传递回示范效应的集群引起新一轮的溢出。

(4)贸易投资。贸易是技术知识溢出的重要渠道,互联网贸易使这个溢出渠道跨越了物理距离,通过掌握应用这些创新知识进行模仿创新,现代信息技术手段使企业把"干中学"的学习过程纳入信息化过程,助力落后的区域提高技术竞争力。大数据存储、大数据营销、云端共享处理系统等使企业相比以前能更从容面对市场上的海量信息,当企业拥有市场上的海量信息时,这些海量信息对企业的信息吸收能力和信息处理能力也提出了更高的要求,需要其对信息和知识进行筛选、吸收与运用,将外部知识转化为内部知识。这种互动主要以社会服务中介机构为载体,中介机构提供贸易咨询、产品代理服务。例如,在机器设备的引进和升级使用过程中产生知识外溢;在产品贸易过程中,对上游供应商的产品进行剖析和模仿,向下游客户学习生产、营销和服务的方法。

第四,经济效应。

企业获得市场价值的重要途径之一是知识转移。知识流动的数量和质量反映内外资企业之间互动合作的有效程度,而有效的互动合作将对珠三角 FDI 企业和本土企业双方产生有利的影响和经济效应,具体如以下五种。

(1)规模效应。企业规模有一定的幅度限制,企业规模过大会出现内耗现象,而企业互动既可以避免企业规模过大又可以实现规模经济,原因如下。

首先,企业互动可以实现资源共享。通过企业互动,企业可以分享对方的生产技术、生产经验、销售渠道和管理知识,避免一些不必要的重复耗费,使 FDI 企业和本土企业都摆脱地域和规模的限制,不仅可以给双方创造获利机会,也可以扩大企业的地域边界,谋求在不同的市场获利。

其次,企业互动可以实现优势互补,提高经济效益。FDI 企业和本土企业在众多互有关联的业务领域进行合作,其实质是双方生产经营的价值链一体化过程,并且内外资企业之间的互动合作关系可使交易关系更稳定，减少交易成本；各自的优势也能够充分发挥，互补长短，如本土企业具有当地政府关系、人力资源供给，这些恰恰是 FDI 企业缺少的资源，而 FDI 企业具有本土企业缺少的先进技术和管理经验，两者的互补可以获得更好的经济效益。

最后，企业互动能更好地实现生产研究的创新。新技术、新产品研发费用高昂，且具有巨大风险，内外资企业互动可以把国际通行的资金、物质和人才条件与本土市场的经验联合起来，使创新技术得到很好的落实，且共担开发费用和风险，实现了生产与研发的规模经济效应。

（2）示范效应。示范效应反映企业的形象构建和辐射影响力，是珠三角 FDI 企业进入本土市场重点关注的经济效应。FDI 企业期望在珠三角市场树立形象，建立行业认知，从而形成长期的辐射影响。珠三角 FDI 企业关注其在行业内的长期形象，而不是短期盈利，于是本土互动合作对象的知名度越高，FDI 企业与之互动合作的意愿就越大。尤其在互动合作的前期阶段，FDI 企业考量更多的是与珠三角本土企业发生互动合作后的示范效应，现代信息手段使双方合作的成功模式更快辐射和复制到跨区域行业市场，从而被更多企业模仿学习。

（3）知识经济效应。内外资企业智力资源的互动能提高企业决策水平。当今时代，知识和信息是企业赖以生存和发展的要素，如果对行业前景、市场态势认识不清，前期投入可能面临巨大风险。内外资企业的互动合作可以有效地聚集内外资企业的资源优势，使"高大上"的国际技术经验在本土市场良好着陆，即俗话说的"接地气"，从而避免国际战略决策脱离本土市场，避免前期过多地向市场"交学费"，从而更快提高企业的知识决策水平。

内外资企业智力资源的互动是科学技术发展的要求。任何大型企业都不可能拥有大而全的创新技术，快速的市场节奏也不允许企业花大量时间来开发全部技术，因此，为了实现技术的开发，本土企业只有借助 FDI 企业的技术优势，才能更快跟上技术发展的要求，才能在竞争中取胜。

内外资企业智力资源的互动可以实现技术创新集群效应。由于企业间各项技术相互关联，拥有互补的技术基础，因此企业通过互相消化和吸收可以系统、配套地开发，从而引发或促进一系列相关联的技术创新的产生，实现技术创新的集群效应。

（4）速度经济效应（speed economy effect）[1]。珠三角 FDI 企业和本土企业之间通过互动可以加快产品开发速度，缩短新产品投放市场的时间，获得速度经济效应。现代信息技术的发展使得组织之间和个人之间的互动可以远距离瞬间完成，信息技术成为企业跨越地理距离的桥梁。

首先，互动提高了 FDI 企业和本土企业的反应速度。企业互动可以实现信息共享，其中，珠三角 FDI 企业获得珠三角本土市场的实际动态、消费偏好、规章制度，本土企业获得国际先进产品趋势信息，双方可以协同合作、追踪和把握市场动态，对国际和本土市场变化趋势及时把握、迅速反应，快速地捕捉市场机会，相对于单兵作战的企业而言具有难以比拟的反应速度优势。

其次，内外资企业互动加强了双方企业的应变能力。企业互动可以缩短技术物化的过程时间，能快速地生产出消费者需求的产品。

最后，内外资企业互动增强了双方企业的研发能力。技术开发难度越来越大，创新风险也越来越高，研发周期越来越漫长，本土企业往往无法承担重大的技术创新项目。因此，通过互动合作，本土企业可以迅速学习、吸收 FDI 企业的信息和知识，以加速创新的频率，提高创新成功率。

（5）联结效应（linkage effect）。联结效应是通过信息网络将众多的市场主体联结，建立新型的竞争协作关系，创造出既不同于规模经济又不同于范围经济的新经济，这种经济能降低成本，具有乘数效应。联结经济[2]是知识经济、网络社会下出现的新名词，可概括为两点：一是企业集团的全部经营活动，包括物流、资金流、信息流皆以计算机为依托形成网络，使所经营的商品或服务附加了新的信息价

[1]　美国经济学家钱德勒（1977）在《看得见的手——美国企业的管理革命》中指出速度经济是指因快速满足顾客的各种需求而带来超额利润的经济。

[2]　联结经济是复数主体相互联结、通过共有要素的多重使用所创造的经济性。它与范围经济的区别在于，范围经济着眼于单个主体或组织的复合生产或联合生产，而联结经济则强调复数主体的相互联结。联结经济的重要特征是不仅包括投入方面的共通生产要素转用的无成本或低成本，而且包括产出方面的多个组织、主体相结合所创造的乘数效应（王立平，吕民乐，2005）。

值;二是企业群体之间通过计算机、通信手段联结,使总体成本大为削减,并给聚合的企业系列群带来乘数效应,这种现象就是联结经济产生的效果。

在投入方面,联结经济降低了交易费用。①减少信息成本。在普通的交易过程中,信息交换的次数和费用将随着交易主体数量的增加而增加,增加之势接近几何级数。如果信息交换通过信息网络的中央系统进行,那么信息费用就会大幅度地减少。②节约结算费用。在网络金融不断发展的情况下,通过网络决算系统进行远距离的汇兑能大幅度降低结算成本。③削减库存费用。信息网络化可以给生产销售领域带来革命性变化,如"零库存"的产供销联网管理、厂家直销业务和电商平台的发展,都可以起到降库存、促效益的作用。

在产出方面,联结经济使"外部效果"内部化。具体体现为:一是信息网络活动所产生的"乘数效应"。大部分信息来自分散的、割裂的领域,如果通过信息网络的系统把相关的信息资源联结起来共享使用,就会产生累积和互补效应,并能创造出更有价值的信息。二是主体行为的"学习效应"。过去市场主体的行为或决策,主要以"事前的"信息所作的预测为导向。但是,现代新知识、新技术不断产生,使得学习成为接收新知识的重要步骤。市场主体通过信息网络可以用极低的成本迅速获得各方面的最新信息、知识与技术,不断增强学习效果,从而提高经营效率。

珠三角 FDI 企业和本土企业的互动是企业自主选择的过程,它是企业的自觉行为,政府可以通过经济手段和法律手段对内外资企业的互动合作加以引导和规范,为企业互动合作提供平台和环境。另外,内外资企业互动是知识经济条件下新型的竞争方式,而竞争则通过合作的形式来进行,当共同创建新市场时,双方表现为合作,当进行市场资源分配时,双方表现为竞争。所以本土企业在与 FDI 企业互动时,既要加强合作,又不能忽视互动以外的竞争,要时刻注意保持自身竞争力。

第五,作用路径。

作用路径,即知识信息通过一定的渠道从输出方到接收方的一般过程和传播渠道。珠三角 FDI 企业与本土企之间通过创新扩散、模仿学习、技术溢出、区位选择、产业集聚五个路径发生作用,由于这是

解释互动机制运作机理最重要的环节，本书将重点对其进行详细
阐述。

二、FDI 企业对本土企业的作用路径

表 3-1 是基于信息传播维度的珠三角 FDI 企业与本土企业之间
发生互动作用的五个路径，以及各个路径发生作用的方向、动因、影
响。这个五个路径构建了互动机制内部各主体之间的作用和影响的传
导路线。

表 3-1　珠三角 FDI 企业与本土企业的互动机制——基于信息传播维度

路径	方向	动因	影响
创新扩散	FDI 企业↔本土企业	市场竞争压力；提高劳动生产率，持续发展；FDI 企业市场占有、获利；提高上下游配套服务能力	FDI 企业与本土企业都获得新技术，竞争能力提高；对 FDI 企业的市场挤出效应，外资撤离
模仿学习	FDI 企业→本土企业	主观意愿；提高技术管理水平；提高劳动生产率	本土企业获得技术知识，提高自身竞争能力，缩小与 FDI 企业的技术差距，甚至超越 FDI 企业；市场挤出效应
技术溢出	FDI 企业↔本土企业	被动的、无意识的；技术差距、势能	
区位选择	FDI 企业←本土企业	投资市场，占领市场	本土企业群配套及当地信息、制度环境因素影响区位选择

续上表

路径	方向	动因	影响
产业集聚	FDI 企业↔本土企业	融入本土市场； 提高上下游产业链企业服务能力； 降低交易成本	增强 FDI 企业竞争优势； 提高本土企业群技术水平； 成本下降； 技术创新、积累和技术扩散

模仿学习是 FDI 企业向本土企业产生作用的互动路径。

第一，模仿学习产生的动因。FDI 进入东道国某一地区后设立 FDI 企业，形成了相对于本土企业的技术优势，给本土企业造成竞争压力。本土企业为了保住自己的市场份额，学习模仿 FDI 企业的先进技术以及管理方式，边干边学，提高自身生产率水平，这是示范和模仿效应阶段，本土企业通过模仿学习提高企业绩效和企业竞争力，具备模仿学习的动机。互联网、数据库等 IT 技术的应用使技术的储存突破边界，并为企业从海量内存的数据库中获得知识信息提供无限可能，模仿学习 FDI 企业的营销和管理方法使得本土企业在市场中迅速成长。

第二，模仿学习的影响因素。互动过程中的影响因素包括：①学习能力，FDI 企业的技术外溢很大程度上取决于本土企业的学习吸收能力，企业无形资产占总资产比例可用来衡量本土企业的技术吸收能力，技术吸收能力对技术外溢效果具有决定作用；②技术差距，陈涛涛和陈娇（2006）引入了本土企业与 FDI 企业能力差距的概念，将企业规模差距、资本差距以及技术差距作为影响 FDI 行业内溢出效应的行业要素进行研究，研究表明，当本土企业与 FDI 企业的能力差距较小时，有助于溢出效应的产生；③信息工具，互联网发展已进入大数据时代，引发了我们的工作、生活和思维乃至整个社会的巨大变革，带来学习方式的根本改变。互联网大数据启动了时代转型之轮，改变了我们生活及理解世界的方式，成为技术创新、服务创新等的重要源泉。

第三，模仿学习的作用和影响。通过模仿学习，本土企业获得技术和知识，提高了自身竞争能力，缩小了与 FDI 企业的技术差距和能力差距，部分本土企业在部分领域甚至赶超 FDI 企业，对 FDI 企业产生市场竞争和挤出效应，即外资撤离现象。作为社会基本经济单位的企业，其内部的经营管理方式也正在受到大数据、互联网的颠覆性冲击。如中国淘宝与美国 eBay 在中国的竞争，淘宝在前期也在模仿美国 eBay 的经营模式，无论是在技术上、资本实力上、还是在品牌知名度上都处于劣势，创始人利用本土企业的实战经验优势，结合模仿学习国外电商企业的运作方法，经过长达 5 年的融资运作、技术追赶、营销创新，最终淘宝在市场份额的争夺战中获胜，eBay 退出中国市场。总体上，FDI 企业入驻的前期阶段，长期受到 FDI 企业的作用和影响的本土企业不计其数，模仿学习这一互动路径的作用方向主要还是 FDI 企业影响本土企业。

三、本土企业对 FDI 企业的作用路径

区位选择作为互动路径之一，其作用的影响是由本土企业向 FDI 企业传递，即 FDI 企业综合考虑与本土企业相关联的因素进行投资区位的选择，力图选择总成本最小的区位开展经济活动，这是区位选择的动因。

互动机制内的主体互相发生作用，在机制的范围内相互作用的经济行为和运行关系称为区位关联度，区位关联度影响 FDI 企业和本土企业的区位选择。FDI 企业作为投资者，倾向于选择总成本最小的区位。本土企业提供当地机器设备，根据分工，在某一供应链环节提供专业生产服务或其他服务，通过精细化分工提高服务能力，为 FDI 企业带来价值创造，协助 FDI 企业在全球价值链中提高竞争能力。

从信息传播的维度看，东道国国内市场的信息环境和本土企业的信息能力是 FDI 企业区位选择考虑的重要影响因素。本土企业在国内某个区位市场内的信息交流能力和区位市场的信息环境，决定着当地的信息传播成本和企业交易成本。本土企业良好的信息共享、知识传播和技术外溢表现对相关联的企业具有吸引力，信息传播的距离越大，信息传播的边际成本越高。知识具有外在性特征，技术传播和知

识溢出对于相关联的企业而言具有吸引力，传播距离越远，边际成本越高，FDI 倾向于选择产业集聚度高的地区。信息环境带来上下游本土企业产业链的联结效应，除此之外，本土产业集群的配套技术、服务和资金也影响着外商投资的区位选择。

珠三角数字鸿沟指数偏低的地区信息传播便捷，交易成本及信息成本低，其主要包括：①经济中心城市。这些城市有完善的交通、通信设施、商业服务，各种商业信息在其中迅速传播，获得信息容易且成本低；②沿海地区。这些地区在地理文化上与 FDI 企业接近，是FDI 最集中的地区；③FDI 企业聚集的地区。FDI 企业相较本土企业具有"知沟"优势，拥有本土企业不具备的先进知识储备、核心技术。FDI 企业与本土企业的信息交流可以通过商业关系和知识溢出来实现（Mariotti et al.，2010；Head and Ries，1996）。因此，良好的信息环境可以降低企业的学习成本及交易成本，带来的经济效应预期是 FDI 企业进行区位选择的重要考虑因素。此外，本土企业由于学习成本低，迅速学习和提升自身的技术水平对 FDI 企业的竞争优势产生威胁，也是 FDI 企业进行区位选择的考虑因素。

四、FDI 企业与本土企业双向作用的路径

（一）技术溢出

FDI 企业与本土企业双向作用的路径之一是技术溢出。与单向作用研究结果不同，部分本土企业在双方合作互动的后期，在部分领域赶超 FDI 企业，对 FDI 企业产生逆向技术溢出。

（1）技术溢出过程。技术溢出是技术要素从输出方通过某种渠道传递到接收方的过程。溢出效应可分为知识溢出效应、技术溢出效应和经济溢出效应等。

技术溢出方是掌握先进技术和管理知识的 FDI 企业，与 FDI 企业有技术落差的本土企业成为接收方。溢出渠道包括竞争、示范、前后

向一体化和人才流动，溢出的信息要素通过信息载体①（information carrier）到达接收方，技术的溢出需要有能量的支持，在模型中表现为溢出能力，即 FDI 企业与本土企业之间存在的技术差距，在物理学中可以理解为"溢出势能"（熊晶晶、史本山，2006）；技术势能滞后于信息势能，信息势能是技术势能的先决条件，在信息不对称的情况下，两个经济单位进行信息资源的再分配以达到帕累托最优，向消除势能的方向努力。信息传播影响技术溢出效应，体现在信息传播缩短了企业之间的信息距离，企业信息传播技术的提高，使 FDI 企业的技术溢出效应得到加强。

（2） FDI 企业对本土企业的技术溢出。互动前期，FDI 企业的进入打破了原有的市场竞争结构，本土企业处于较低的竞争地位。由于存在着技术势差，在合作交流过程中，具有技术优势的 FDI 企业，其技术会通过一定的溢出渠道传递到本土企业，但这种技术传递不一定是主观自愿的。技术溢出渠道主要有市场竞争、技术示范、模仿学习，可将技术溢出机理描述为示范—模仿—竞争机理，如图 3 - 3 所示。

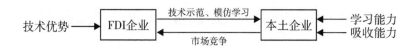

图 3 - 3 示范—模仿—竞争机理

资料来源：根据熊晶晶、史本山（2006）文献资料绘制。

FDI 企业进入东道国加剧了本地市场上的竞争密度和竞争程度，迫使东道国企业改善管理和加大投入，从而推动了行业整体的技术提高。本土企业的确可以通过向 FDI 企业学习而降低生产成本，但同时，FDI 企业的进入加剧了行业的竞争程度，从而可能降低本土企业的产出水平（路江涌，2008）。

---

① 信息载体是在信息传播中携带信息的媒介，是信息赖以附载的物质基础，是用于记录、传输、积累和保存信息的实体，包括以能源和介质为特征，运用声波、光波、电波传递信息的无形载体和以纸张、胶卷、胶片、磁带、磁盘、报纸、媒体、互联网传递贮存信息的有形载体。

（3）本土企业对 FDI 企业的技术溢出。互动后期，双方进入激烈的竞争阶段，本土企业技术的进步和生产效率的提高会对 FDI 企业形成竞争的压力，使原有市场的竞争密度进一步增加，迫使 FDI 企业引进更先进的技术来保持原有的竞争地位，同时也引发部分外资资金和企业撤离珠三角市场。在日益激烈的市场竞争环境下，本土企业的竞争能力提高，迫使珠三角 FDI 企业持续引进先进技术来确保技术势差的存在，含有技术和知识的信息持续流动，我们称之为互动的"外部动能"。外部动能是势能平衡的后决因素，当势能等于动能时，两者的互动过程保持动态平衡。

本土企业结合其在本土的优势，通过技术转移、模仿学习追赶 FDI 企业，弥补先天劣势。这就迫使 FDI 企业不得不加快引进先进技术和知识的速度，从而对技术和知识溢出效应起到强化作用。本土企业在管理制度、知识和技术等方面与 FDI 企业拉近距离，并有部分本土企业实现了反超。人员流动把本土企业的本地化经验带到 FDI 企业，FDI 企业尤其是欧美企业的珠三角分公司，由于"水土不服"，在 20 世纪 80 年代就开始实施人才本土化策略，将大批本土化人才吸纳到 FDI 企业，对他们进行培训，培训的内容包括先进的管理理念、市场操作和生产专业技术，然后结合本土化的洞察力和人脉关系，开发市场业务，形成独特的既有西方先进技术经验又"接地气"的新型管理模式，这种管理模式反过来也会对 FDI 企业的市场操作模式产生影响，产生技术溢出。

将百威英博集团作为本土企业对 FDI 企业的溢出效应的一个案例。世界最大规模的啤酒集团百威英博早在 20 世纪 80 年代就开始启用人才本土化策略，包括管理培训生项目和高级人才库项目，大量启用应届毕业生和有一定工作经验的管理人员，在各岗位轮岗培训后，将部分表现突出者送到美国总部进一步受训，将本土管理经验、市场操作模式与美国先进的价值观和管理方式结合，形成具有本土特色的市场操作模式，后期多个外资快消品企业进入珠三角市场也在模仿这种本土操作模式。百威英博中国区华南事业部前任副总裁黄国栋，20 年前进入百威啤酒公司从一线销售人员做起。由于啤酒行业销售渠道集中在娱乐渠道的特殊性，很多国际品牌的外籍管理层高大上的管理模式和市场操作手法"不接地气""水土不服"，导致在珠三角市场折戟。黄国栋利用其丰富的"珠三角式"本土操作手法，抓住消费者心理、维持市场价格稳定、抢夺传统渠道形象终端、利用本土港星演艺活动拉升认知度、维护经销商客情关系等，快速占领当地市场终端，形成品牌认知螺旋。在全国百威广告的空中部队同等力度"轰炸"下，华南事业部在珠三角各同类事业部中率先突围，销售成绩表现远远抛离珠三角其他事业部，也远远抛离同地区的国际竞争对手喜力啤酒和嘉士伯啤酒，华南区一个城市如佛山、东莞等的月销量就达到一百万箱，而华北区一个城市如哈尔滨等的月销量仅三万多箱，业绩差距极大。

（二）产业集聚

FDI 企业进入当地市场形成产业集群后，其对本土企业的作用影响是双向的，主要表现在如下两个方面。

（1）FDI 企业对本土企业的作用和影响。第一，通过外部规模经济，树立示范效应。集群中的企业遵循优胜劣汰竞争规律，产业集群使 FDI 企业能与本土企业一样熟悉当地文化，有利于减少本土企业的机会主义行为，产生良好协同效果。第二，降低交易成本。地理位置的靠近使企业能够发挥区位上的优势；经济的外部性可以降低本土企业与外资企业的沟通成本，提高合作效率；集群内纵向联系的企业和水平竞争的机构主体形成网络结构。现代信息技术提高使网络内部的信息分享和交流频率变高，降低了信息搜寻成本和契约的执行成本，从而降低双方的交易成本。第三，集群内技术创新与累积。集群中同类企业同居一地，同行业相互比较、互相竞争的氛围，促使本土企业竞争能力不断提高，一般集群内本土企业比集群外的企业更具活力，对市场机会及威胁的敏感度更高。FDI 企业要求集群内配套服务完善，本地供应商积极提高自身技术水平和专业服务能力，确保达到客户需求，在多方合作中继续提高自身竞争能力。

（2）本土企业对 FDI 企业的作用和影响。FDI 企业进入本土市场后，获得本土企业提供的产业集群配套服务，增强其在全球价值链中的战略地位。首先，降低生产成本。通过规模经济、专业化分工生产增加边际收益，降低成本参与市场竞争，FDI 企业获得低成本优势，在其全球价值链中获得有利竞争地位。其次，获得服务及设备配套。

集群内本土供应商企业、客户企业在 FDI 企业周边进行上下游的产业合作，本土企业提供当地机器设备、专业服务。再次，得益于技术扩散与群体效应。集群中众多企业云集并进行信息共享，使集群更容易实现技术创新，获得竞争优势。最后，获得区位及网络结构的优势。知识技术在集群内部得到优先传播，FDI 企业在集群形成产品规范及标准，统一使用形成群体效应，引发更大规模的仿效，使产品及技术应用更具有垄断优势。

（三）创新扩散

（1）创新扩散的过程。如图 3-4 所示，技术创新从信息的获取开始，经过信息处理过程，最终形成信息的物化，良好畅通的信息渠道是企业创新成功的关键条件之一。技术创新实质上是一种信息传播的过程，技术扩散跟随着信息的扩散，现代信息传播技术使一个行业的企业几乎可以同时获得创新信息，极大减少了原来的信息不对称。

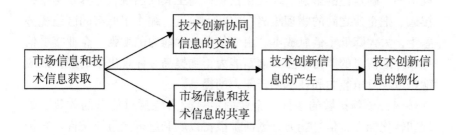

图 3-4　技术创新中的信息传播过程

资料来源：根据付睿臣、毕克新（2009）文献资料绘制。

在信息传播维度下，创新扩散主体是具备技术优势地位的 FDI 企业方，即技术创新企业把包含技术知识要素的信息，通过不同渠道和工具传播到接收企业，即本土企业。最后，接收企业把有关知识信息进行加工吸收，并把对信息是否符合互动作用要求的相关信息反馈给原传播方，促使传播方企业进行修正调整，进行新一轮的信息传播。

（2）创新扩散的动因。根据创新扩散的不同阶段，创新扩散分为技术创新和技术转让两个过程。技术转让即创新技术的扩散过程，它与技术溢出的区别在于技术传播方的主观意愿不同。技术溢出是传播方无意识的、非自愿的知识转移行为，在双方合作过程中产生；而技术转让是传播方基于某种目的的主观意愿，如获取市场份额与获利，FDI 企业为了改善上下游服务企业的技术水平，以与其生产水平和相关产品相匹配，主动向接收方提供技术指导、人员指导。FDI 企业和本土企业面临市场竞争的压力，要求在企业内部提高技术创新能力和竞争能力，提高劳动生产率，以获得持续发展优势。FDI 企业具有长期占据市场份额、持续获利的愿景。

（3）创新扩散的作用和影响。创新扩散是双向的，既存在 FDI 企业对本土企业的作用，又存在本土企业对 FDI 企业的作用，尤其是在互联网行业企业或其他学习成本低、学习能力强的本土企业，其将学习到的国际先进技术与自身本土化经验结合，获得超过 FDI 企业的技术创新能力、竞争优势，则有可能逆向对 FDI 企业产生作用，如与 FDI 企业展开技术竞赛，或者 FDI 企业被市场挤出、外资撤离等。

技术扩散的效果受到扩散过程中信息传播的速度、数量、质量、成本和不确定性的影响。现代化信息传播工具的出现，尤其是网络的接入，把企业之间的物理距离在空间上拉近，缩小了原有的区位优势差距，大大降低了信息成本。由于信息技术能力的增强，企业接受信息和处理信息的能力增强，创新能力得到提高，体现出来的经济效应就是市场竞争能力和技术创新能力的提高。

（4）创新扩散的条件。企业的信息能力包括对信息的收集、处理和转化能力，信息能力是创新扩散得以顺利进行的重要条件。知识经济时代，越来越多的 FDI 企业开始在全球布局研发机构，研发机构在当地的技术创新紧密楔入当地的创新体系，成为当地知识技术的重要资源，并借助先进的信息技术传播工具，带来新一轮的知识流动。这些研发机构带来的技术创新元素通过信息的编码、复制传播到 FDI 企业的分支机构和东道国本土企业，物化为生产力，并进一步传播到行业外的其他经济体，而企业则在信息传播的过程中利用自身的信息能力传导与技术创新密切相关的信息要素。

信息能力在创新扩散中扮演重要角色，这里利用嘉士伯啤酒集团作为案例进行阐述。嘉士伯集团是全球四大啤酒集团之一，1992 年进入珠三角，正式拉开与中国啤酒企业合作的序幕，重点布局西部，收购云南、新疆、重庆等当地啤酒事业部，在中国形成两万多人的大规模啤酒集团，重庆啤酒等为国内老牌国有生产厂，传统国有企业的文化模式根深蒂固，对国际品牌嘉士伯的融入是一个巨大的挑战，信息能力体现在以下四个方面。

信息搜集获取能力。信息时代，企业被海量信息淹没，但其中有一些信息可能是无效的、与生产经营活动毫无关系的，甚至有些会造成副作用。因此，需要企业在众多信息中抓住重点核心，并将其中有用的信息进行存储、共享等。嘉士伯集团通过前台处理端的 4D 评估系统和综合档案将顾客的需求信息"一网打尽"；又借助遍布全球的科技信息点，及时准确地获取所需的技术信息。2015 年，全国各地营销团队陆续上线 E-sales 系统，这一系统在快速消费品行业的应用广泛，每一位一线人员配有一个手机终端，把每天拜访的客户信息及竞品信息录入手机系统，后台管理系统可以实时进行观察和分析。移动销售管理云平台于次日即可从后台导出全国上万名销售人员的拜访时间、地点、步骤、店名，以及主管跟线的记录。

信息开发能力。企业获得有用信息后，专业人员使用技术手段对大量的企业数据进行分析和推理，发现数据间的关联性、推断市场的未来趋势及规律性变化，以有效支持企业决策。"一个嘉士伯，一个珠三角"的文化理念贯穿于生产、营销、服务全流程，在各个业务流程中无不体现了集团知识从个体向组织整合的过程。早期，国际品牌与当地营销团队是"分而治之"，同一个门店既会有当地品牌的销售人员拜访，又会有国际品牌的销售人员拜访，既浪费人力，又让当地门店店主感到疑惑。整合以后的嘉士伯把市场信息共享到国际品牌和本土品牌队伍，把两个队伍整合到一个队伍，共同利用营销知识信息库开拓市场，知识整合的过程同样也是信息共享的过程。E-sales系统和 ERP 物流系统将产供销各环节有效联结，销售预测、库存物流管理、生产物流配送等环环相扣，保持合理低库存的管理给企业节省了大量费用。

信息产生能力。嘉士伯集团的 FSIS 市场终端信息数据库、经销商 4D 数据库记录着每个中间商和终端客户的详细信息，数据定期提供给专业营销发展人员进行分析。企业并购过程中，嘉士伯采用季度策略分享的方式和年度战略性建议奖励以及全集团龙腾大奖激励策略，将全国两万多人的建议以及市场信息进行优化吸收和筛选。

信息价值创造能力。企业处理信息是为了应用信息知识做决策、解决问题、创造价值，信息知识必须及时传递给决策者，由决策者或信息使用者针对企业的现实情况对信息进行价值化处理。嘉士伯集团在 2018 年实现"营销 FSIS 系统 + 物流 ERP 系统 + 财务 Navision 订单系统"的数据及其处理兼容，IT 系统的兼容使包括邮件处理在内的原本独立割裂的 5 大啤酒厂之间的市场、物流、订单信息可以联结和共享，信息在集团各部门之间顺畅交流。2004—2006 年，冰纯嘉士伯啤酒上市初期，各大城市在网上订购的 VIP 用户享受零距离服务，意见领袖的宣传攻势得到最大限度发挥。2017—2015 年，嘉士伯集团推出包括 1664 白、1664 玫瑰金、乐堡、HOB 系列威猛、黑啤、格林堡、自然泡等新产品，利用铺市 BO 模板将每月的铺市信息导出，非常详细，可以看到每一位销售人员在各个产品线的销量。

以上各项企业信息能力都不是独立的，而是相互关联的，是企业的一项重要的综合能力。信息获取、信息交流、信息共享能力确保了嘉士伯集团能获取大量的市场信息及技术信息，并与分布在全国各地的研发人员共享，员工、经销商、顾客的创意信息源源不断地产生，因而大大加快了研发的速度，提高了研发能力。信息获取能力和信息产生能力确保了集团能及时了解市场动态并快速生成需求信息，使其对市场的反应速度不断提高，提高了营销能力，并最终体现在企业信息处理的综合能力的提高上。

第二节　珠三角 FDI 企业与本土企业的互动机制——基于契约合作维度

一、基于契约合作的互动机理

契约理论主要包括委托代理理论、不完全契约理论以及交易成本理论三个分支，这三个分支都是解释公司治理的重要理论工具，激励理论是在委托代理理论（完全契约理论）的基础上发展起来的。

Williamson 等发展交易费用理论，引入了三个关键假定：有限理性、机会主义、资产专用性。由于存在有限理性，交易双方不可能在事前签订一份完全合约，不完全契约主要是一次性契约，没有考虑企业间因为存在长期合作关系而形成的专用性投资（Steif and Lyons, 2002）。合同的不完全性赋予了合约双方从事机会主义行为的可能性，增加了他们获取准租的份额，如本土企业方利用 FDI 企业方的沉没成本和专用性资产进行准租要挟。FDI 企业和本土企业作为契约方对不确定性的反应既不是签订更烦琐的契约（代理理论与机制设计理论），也不是使用资产专用性作为再谈判基础（不完全契约理论），由于存在委托人和代理人的机会主义和道德风险问题，需要设计事前的"最适激励"机制来解决风险分担和有效激励的两难问题。

Jensen 和 Meckling（1976）认为企业是各种生产要素所有者之间以及他们和顾客之间的一系列契约的集合，这些契约既可以书面签订，也可以是非书面的形式。市场既存在着产品的供应方和需求方，也存在着生产要素的供应方和需求方，而某项最终产品从原材料的购买到最终产品的销售直至顾客的消费是一个相当长的过程，这一过程可能需要一系列连续的交易环节才能完成。

珠三角 FDI 企业与本土企业的互动机制分析包括主体构成、作用路径、互动形式、动力条件、经济效应，如表 3-2 所示。进入珠三角市场的 FDI 企业与本土企业形成契约的双方，基于契约方自身的动因和条件进行互动合作，契约双方彼此作用，而不是 FDI 企业对本土企业单向作用，并且只要存在互动的动力和条件，这个双向的互动过程就会持续运行。

表 3-2 珠三角 FDI 企业与本土企业的互动机制——基于契约合作维度

路径	方向	动因	作用影响
区位选择	FDI 企业←本土企业	知识产权保护；风险规避	影响 FDI 企业的区位选择及资金流向；产业链环境的契约制度的完善程度影响 FDI 企业的区位选择

续上表

路径	方向	动因	作用影响
资本互补	FDI 企业↔本土企业	技术和资金合作，弥补缺口	外资弥补内资技术和资金；内资弥补外资配套资源设施等
	FDI 企业→本土企业	培植契约精神，输入管理方法	输入先进的管理理念和方法（采购、生产、营销、服务）、先进的契约精神和企业文化
	FDI 企业←本土企业	提高合作效率	本土企业的示范性因素和联结效应因素影响 FDI 企业的合作程度
合作网络	FDI 企业↔本土企业	分散风险；降低交易成本；扩张规模	契约制度的完善程度影响投资安全和专业性；获得竞争优势
	FDI 企业←本土企业	配套共享	外资进入，配套产业链
竞合关系	FDI 企业↔本土企业	竞争；双赢	抢夺资源；互相竞争，互相模仿学习；创新；协同
互动形式			1. 人员交流；2. 企业集群活动；3. 贸易投资；4. 研发合作；5. 上下游合作；6. 竞争

　　FDI 企业与本土企业的作用路径包括区位选择、合作网络、资本互补和竞合关系，由于作用路径是本书的重点，故放在本节第二点"本土企业对 FDI 企业的作用路径"和第三点"FDI 企业与本土企业双向作用的路径"中阐述。

　　契约合作和信息共享是实现内外资企业供应链协同的两个主要手段。供应链协同正处于快速发展、逐步完善的阶段，市场需求呈现多样化、个性化、小量化等特点，企业之间契约合作的实践问题也日趋复杂，关于供应链协同的研究有待进一步深入。

（一）主体构成

契约理论是研究在特定交易环境下的不同合同人之间的经济行为与结果，本书互动机制的主体是交易互动过程中的合同人，即珠三角 FDI 企业、本土企业、中介方和供应链关联企业，中介方包括流动人员和教育、科研、社会服务等中介机构，供应商、制造商、销售商和购买客户联结成一条供应链。供应链成员企业之间通过契约关系联结在一起，FDI 企业与本土企业作为独立的经济个体都有着追求个体利益的动机，为了双方整体利益的提高，契约方要进行合作与博弈。在 Porter 提出的市场 5 种力量模型中，市场主体还包括潜在的进入者、产品替换者，这些市场主体的互动程度和合作效率影响着互动过程主体的谈判能力、议价能力、区位选择、经济效应等。完全契约、不完全契约、交易成本契约的经济学研究方法广泛存在于 FDI 企业与本土企业的互动过程里。各主体通过契约的自我实施机制和第三方机制联结起来，自我实施机制的强制性低，保障的基础是契约双方的商业信誉、过往合作经验、竞争互动关系等。主体自我实施的重要原因是主体感觉到报复机制的存在，知道违约行为会招致对方或其他各方的报复行为，因而在这种惩罚威胁存在的情况下，自发遵循契约。这种机制可以通过惩罚实现，也可以通过文化、惯例、行规等进行规范。第三方机制可以通过第三方如政府和权威机构等调节市场失灵，如 FDI 企业进入本土市场的前期阶段需要第三方机构予以保障。

企业互动过程中，主体之间诸如股东与高级管理层之间、服务机构与消费者之间、公共机构与供应商之间，常常会有利益冲突，因此契约必须被合理设计，以确保各方能够采取互利或相对最优的决策。经济学家们设计了框架来分析契约设计中的许多不同问题，如企业高层管理人员的绩效薪酬、公共部门私有化、内外资企业合作的资源分配等，这些设计可以用于解决珠三角 FDI 企业与本土企业在日常经济互动与合作中的现实问题。

现实经济充满了不确定性，合同主体不可能预测到所有未来将要发生的事情，并在合约中对交易各方在各种可能情况下的责、权、利做出明确的界定，而且这样做的交易费用将相当高。当明晰所有特殊权利的成本过高而使合约不能完备时，所有权就将具有重要意义。当

FDI 企业和本土企业这两个经济行为主体进入一种交易关系时，财产被用来创造收入，交易过程产生资源和收入的再分配。

除了交易双方，过程中的各中介方也通过契约发生联系。①流动人员：珠三角 FDI 企业、本土企业的研发人员、营销人员等，他们之间以契约形式明确权责，按照约定条款提供服务和收取报酬，形成社会雇佣关系，当劳动的产出与获得的报酬比例不符合人员的心理期望时就会产生人员流动，直到资源和收入的再分配达到新的平衡，这类人员流动在契约约定的框架下进行。②教育机构：高等院校、培训教育机构教书育人，或将知识要素和内容以书面形式出版发行。③科研机构：企业科研合作提高技术创新能力，在产权保护法制环境中进行有偿或无偿传播。④社会服务机构：社会中介机构提供贸易咨询、产品代理服务，在上下游供应商的生产、营销和服务的过程中发挥协同作用，FDI 企业和本土企业享受中介机构提供的服务，并按约定支付服务费。

（二）动力和条件

进入珠三角本土市场的 FDI 企业作为契约主体，前期由于占领市场、获取利润的动力驱使，期望尽早融入本土市场，并在与本土企业互动的过程中通过合作网络、资本互补、区位选择等多种途径降低交易成本，降低机会主义行为的威胁，与本土企业进行互动合作。另外，在全球市场竞争压力下，FDI 企业期望在珠三角市场获得区位优势，因此 FDI 企业具备互动合作的动机和意愿。作为契约主体的本土企业，面临国内市场众多同质性企业，自身的资源开发能力有限，具有降低交易费用和学习成本的要求，而模仿学习 FDI 企业可以迅速掌握先进技术和管理经验，完成知识积累，提高竞争能力，因此具有与 FDI 企业互动合作的需求。产生互动的外因来自企业的外部市场，内因来自企业内部谋求发展的动力，而且主体双方都具有争夺特定权利和剩余权利（剩余索取权和剩余控制权）的动机。

珠三角 FDI 企业从国外总部引进新技术或通过珠三角当地的研发分支创新技术，本土企业通过本土研发进行创新，在契约、法制规范等公平客观的环境下，市场交易过程中的知识产权得以被合法保护，可以激发和保持企业创新的积极性，技术创新企业为占有更多的市场份额及获取更多的利润，通过技术转让约定提高上下游企业的配套服务能力，由此，内外资企业的互动合作可以为整个行业的技术水平提高作出贡献。反过来，企业集群的整体技术水平的提高，也为 FDI 企业和本土企业提供良好的经济发展环境，促使内外资企业都具备交流和互动的意愿。

机制的约束条件包括：①现代企业制度：本土企业应具有基本的企业规范及流程标准，才有接轨国际先进管理制度的机会和可能性。②契约法制环境：进入珠三角本土市场的 FDI 企业要遵守地方政府法规，与之合作的本土企业也要接受契约机制的管束及监督，交易双方的经济行为应该在契约机制的公平约束之中。③企业组织内部有交易费用，当在企业内部组织交易的边际费用等于在市场完成这笔交易的费用时，企业达到了它与市场的边界。主体在机制运行过程中追求交易费用的不断降低，交易费用过高会使企业交易过程不顺畅，这成为互动过程的约束条件。

即使在完全信息的条件下，合同主体也不可能签订一份能保证合约双方都能执行的完全合约，因此，这是与合约理论或委托代理理论完全不同的一点。后者建立在信息不对称的前提之上，由于存在委托人和代理人之间的信息不对称，需要事前设计一个合约来解决激励问题。由于专用投资会导致机会主义行为要挟，所以一个完全的合约是不可能存在的，事后存在讨价还价的余地、需要随时间的推移不断修订或重新商定的合约是不完全合约。FDI 企业进入珠三角市场，前期的市场资金投入成为沉没成本和专用性资产，容易受到缔约后机会主义行为的要挟，同样，本土企业也担心在提供当地资源和服务后得不到相应的回报，因此，交易双方对交易环境的机制约束效率和机制约束条件具有较大的期望，而这些约束条件需要契约自我实施机制和第三方实施机制发挥效用，具体如下。

（1）契约的自我实施机制。这种机制的强制性最低，因此对契约各方要求也就最高。FDI 企业与本土企业作为契约双方，FDI 企业进入本土市场带来技术资金资源，本土企业提供当地的配套设施和人力资源，得到保障的基础是双方的商业信誉、过往合作经验、竞争互动关系等。这是一种广义的契约机制，一般没有成文的规章制度，所以效果也常常不尽理想。契约得以自我实施的重要方式是报复机制的存在，FDI 企业和本土企业知道，违约行为会招致对方或其他各方的报复，因而在这种惩罚威胁存在的情况下，双方自发遵循契约。契约的自我实施机制可以通过惩罚实现，也可以通过本土市场文化、国际惯例、行规等进行规范。

（2）契约的第三方实施机制。第三方实施机制是指在契约关系之外的第三方，一般是指国家政府或相关权威机构，通过立法、行政、司法等方式调节市场失灵。FDI 企业进入不熟悉的本土市场，尤其在与当地企业的互动过程中，需要当地政府或第三担保方为其提供平台、保驾护航；而本土企业则需要政府作为平台提供者，协助筛选进入市场的外资方。政府和权威机构应力求成为客观公平的第三方存在，提供良好的契约法制环境，提高内外资企业互动合作的信心和积极性。

（三）互动形式

FDI 企业和本土企业这两个契约主体之间的关系不同，其互动形式也有区别，因此，不同的互动形式对互动机制内的各主体产生的效应和影响也不同。基于契约合作的内外资企业的互动形式可以分为以下五种。

（1）人员交流。在资本雇佣劳动的情况下，非人力资本所有者拥有契约的优势，居于相对主动地位，而人力资本，特别是普通人力资本所有者处于契约的劣势，居于相对被动地位。由于环境不确定性、信息不完全性，人员与企业之间不仅存在着经济契约，还存在着心理契约。Robinson 和 Rousseau（1994）认为心理契约不但具有期望的性质，也具有对义务的承诺与互惠，它是存在于员工与企业之间的隐性契约，契约的主体是员工在企业中的心理状态，而用于衡量员工在企业中心理状态的三个基本概念是工作满意度、工作参与和组织承诺。当心理状态不能达到期望时，人才在契约主体之间可能产生流动，带来技术知识要素在企业之间的流动，进而促进企业的技术进步。

（2）企业集群活动。FDI 的进入往往引起企业集群的形成，这种企业之间的联系包括契约式的和非契约式的互动合作。集群内各企业彼此独立，是独立的法人，保持各自的所有制、隶属关系、产供销渠道，实行独立核算，企业聚集在 FDI 企业周围进行平等交易。集群内企业联系密切，集群内企业之间包括本土企业与 FDI 企业之间存在着密切的互动，包括实体的物质联系和非实体的联系。集群内企业间存在多种特定关系，通过专业化分工与协作获取外部经济。集群运行机制的基础是信息与承诺等非正式契约，它与书面签订的契约形式一样，都是维持集群内本土企业与 FDI 企业联系的纽带。

（3）贸易投资。FDI 企业为本土市场带来资金和技术，本土企业在双方互动过程中实现"干中学"的目的。这种互动主要以社会服务中介机构为载体，中介机构提供贸易咨询、产品代理服务，如在机器设备的引进和升级使用过程中和产品贸易过程中，内外资企业产生互动。外资企业通过本土代理商企业，把产品卖到市场终端企业，使其产品到达消费者手中。

（4）上下游企业合作。上游和下游企业相互依存，上游企业提供原材料，下游企业主要对原材料进行深加工和改性处理，并将原材料转化为生产和生活中的实际产品。产业链的实质就是不同产业的企业之间的关联，而这种产业关联的实质则是各产业中的企业之间的供给与需求的关系。企业之间按照契约约定提供服务内容与收取费用，按照市场原则进行平等交易合作。

（5）竞争。竞争是内外资企业一种重要的互动方式，外资进入珠三角市场，在带来资源的同时，也对处于技术劣势的本土企业形成威胁。内外资企业作为市场经济的主体，在市场交易中要遵循带有强制性的法律准则，只有遵循这些基本准则，法律才予以保护。竞争环境是企业生存与发展的外部环境，对企业的发展至关重要。竞争环境的变化不断产生威胁，也不断产生机会。对本土企业来说，如何适应竞争环境的变化，规避 FDI 进入的威胁、抓住市场机会至关重要；对于 FDI 企业来说，需要考虑的是如何适应本土市场、遵循本土文化及法制准则，加强与当地市场的有效融合。

（四）经济效应

有效的互动合作会产生对珠三角 FDI 企业和本土企业双方都有利的影响和经济效应。

（1）外部经济性。当一项经济活动的社会收益大于个体收益时，就存在着外部经济性。FDI 企业进入当地市场，引起本土企业地理上的集聚，企业通过广义的契约形式进行互动合作，产生集聚经济效应，带来了很多便利性，如企业在地域上的集中使社会分工深化、企业联系加强和区域资源利用提高，实现成本节约；契约法制环境使企业创新得到合法保护，给社会资本的形成与积累带来便利性。

（2）协同效应。协同行动是内外资企业为了某些共同的目标而进行的有意识的合作。FDI 所在地区的企业集群通常采取联合一致的协同行动，合作的企业数量、合作效率可以反映双方协同互动的有效程度，内外资企业间合作的方向是根据合作关系建立的基础而定，在同类产品之间的合作为横向合作，沿着产业链分工的合作为纵向合作。

内外资企业间的协同行动能提高契约合作双方的技术能力、生产能力、创新能力与市场能力，能够有效促进本土企业的成长与竞争力的提高，是互动机制里的主体之间有意识、有目的的活动。

（3）制度效应。从整体来说，FDI 企业和本土企业作为互动合作的契约方，互动合作过程是处在一定的制度背景之中的。制度背景包含微观层面与宏观层面，前者有合约、产权等因素，后者有政治、社会与文化因素。在 FDI 企业和本土企业的互动过程中，社会资本逐步形成与积累，并在当地形成规模化、标准化影响，其协同行动可以统一市场、规范产品标准、推行共同商标和技术，各企业之间的契约签订与执行的交易费用较小。另外，在 FDI 企业和本土企业互动过程中，政府作为一个重要的主体，它通过制定政策，选择合适的 FDI 企业进驻当地市场、维护环境秩序，并通过特定的政策促进当地的 FDI 企业和本土企业的发展。

（4）规模经济效应。企业规模有一定的幅度限制，企业规模过大会出现内耗现象，而企业互动可以避免企业规模过大又可以实现规模经济。原因有如下三点。

首先，企业互动可以实现资源共享。通过企业互动，企业可以分享对方的生产技术、生产经验、销售渠道和管理知识，避免一些不必要的重复耗费，使 FDI 企业和本土企业摆脱地域和规模的限制，不仅给双方创造了获利机会，而且扩大了企业的地域边界，谋求在不同的市场获利。

其次，企业互动可以实现优势互补，提高经济效益。FDI 企业和本土企业在众多互有关联的业务领域进行合作，其实质是双方生产经营的价值链一体化过程，并且内外资企业之间的互动合作关系，使交易关系更稳定，可以减少交易成本；各自的优势也能够充分发挥，互补长短，如本土企业具有良好的政府关系、充足的人力资源供给，这些恰恰是 FDI 企业缺少的资源，而 FDI 企业具有本土企业缺少的先进技术和管理经验，两者的互补可以取得更好的经济效益。

最后，企业互动能更好实现生产研究的创新。新技术、新产品研发费用高昂，且具有巨大风险，内外资企业互动可以把国际通行的资金、物质和人才条件与本土市场的经验联合起来，使创新技术得到更好的落实，且共担开发费用和风险，实现生产与研发的规模经济效应。

二、本土企业对 FDI 企业的作用路径

本节主要从契约合作维度探讨本土企业对 FDI 企业的作用路径——区位选择。

John Dunning（邓宁）的国际生产折衷理论提到，对于国际直接投资的企业来说，区位优势是决定其能否进行国际贸易和国际投资的重要因素，而企业在东道国进行商业运作的交易成本是影响企业区位选择的重要因素（韩萌，2013）。区位条件是由投资国和东道国的多种因素决定的，这些因素主要包括地方进入障碍、政府政策、市场文化、劳动成本、技术水平以及原材料供给等，区位优势的大小决定着投资方对投资地区的选择。

FDI 进入珠三角后，知识产权保护力度和契约法制环境完善程度是 FDI 企业与本土企业互动的重要环境因素，东道国契约法制环境与知识产权保护状况会影响 FDI 企业在该地的研发活动的性质。如果知识产权保护力度过低，那么 FDI 企业将避免在该国进行高水平的领先技术转移和开发，以免发生技术泄漏；如果约束程度过高，就会对部分 FDI 企业产生门槛效应。因此，完善、恰当的知识产权保护制度可以增强 FDI 企业在东道国的研发机构的创新驱动力和激发其研发潜能。FDI 企业与本土企业形成配套产业链，上下游产业链企业通过契

约联结在一起，协同行动产生专业化、规模化效应，契约制度的完善程度是 FDI 进入本土市场的重要考虑因素，良好的法制环境有利于企业的运行机制，有利于 FDI 的流入，从而影响 FDI 企业的区位选择。

此外，契约法制环境的完善使 FDI 企业对本土市场产生安全感，其在珠三角市场上的不确定性减少，自然敢于将更多的资产及资金投入本土市场，在契约约束的框架下与本土企业进行互动合作。高效公正的国家法制体系、稳定可信的公共机构和有利于自由市场的政府政策有利于 FDI 的流入（Globerman and Shapiron，2002）。机会主义行为与非经营性稳定性构成了前期投资回收风险的两个方面，信任关系（trust relationship）被普遍提及，其基本观点是信任可加固组织间联系纽带，而强有力的组织纽带则可促使合作企业充分利用各项资源和核心能力，更好地发挥联结效应，这些纽带联系使外来资金的前期投资在机会主义和稳定性之间达到平衡。当地市场终端企业的稳定性和契约制度环境的完善程度是影响资金风险的因素。在契约合作关系中，正式和非正式的措施结合会比单一措施产生更好的效果，明确的契约条款结合灵活的非契约措施，就像润滑油与机器的运行一样，使双方合作更加系统和流畅，产生良好的合作效果。

三、FDI 企业与本土企业双向作用的路径

（一）资本互补

在 FDI 企业与本土企业的互动过程中，传递的内容为技术和资金，互动活动的动机来自企业弥补技术和资金缺口的意愿。

FDI 企业从母国和国际市场带来资金和技术，在国内资金缺口逐渐消失情况下，对国内企业产生明显的补充作用，即增加国内资金总额，又提高了资金的配置效率，FDI 企业的进入弥补了本土企业的技术缺口。从企业管理层面看，FDI 企业为本土企业输入先进的管理理念和方法，使本土企业在采购物流、生产经营、市场营销、配套服务等方面提高专业化竞争能力，为资本互动关系带来保障。培植契约精神、企业伦理和企业文化是 FDI 企业为本土企业带来的长远发展的内涵，可以降低机会主义行为动机，使外资企业与本土企业协同生产经

营。FDI 企业为获取本土市场的份额，获取利润，投资发展本土企业，积极帮助互动合作的本土企业发展其生产力，提高生产效率，提高合作企业的竞争能力。

此外，本土企业也为 FDI 企业提供配套资金和厂房设备，FDI 与本土资金联合起来形成规模效应。通过与外来资金的项目结合，珠三角可以充分调动国内闲散资金的使用率，有利于刺激本土小微企业的经济活力。在同一产业内及不同产业间为外资提供生产、营销、采购等配套服务、设施和资源等。本土企业对双方契约合作产生影响，影响因素包括本土企业的机会主义行为、本土企业认知度、本土企业规模、前期资金投入等，这些因素的变化会导致契约双方的投资合作意愿的变化，或后期契约合作程度的变化。

（二）合作网络

珠三角 FDI 企业与本土企业在区位上形成合作网络（cooperation network）[1]，这种分工协作体系提高彼此的经济依赖度，也促进彼此生产效率的提高。在契约方互动过程中，FDI 企业为本土企业提供技术和资金，弥补本土企业技术缺口，通过合作网络产生技术外溢促进内资的产业结构升级；本土企业也为进入的 FDI 企业提供配套生产设备、劳动力供给，以及按照比例提供配套资金。另外，FDI 企业与本土企业还存在竞合关系上的互补，内外资企业基于合作与竞争结合的经营战略，互相学习、相互成长，形成成本效应、协同效应和创新效应。

合作网络的动因：企业需要规模扩张，要求网络资源和利益共享；知识经济时代，技术复杂度增加，要求企业将有限的资源投入特定领域，获取专业化利益；成员企业交易成本降低。

合作网络的影响因素：在珠三角 FDI 企业与本土企业的互动过程中，契约精神和约束机制完善的契约环境对外资更有吸引力，影响契约方在网络中的选择。关于契约执行效率与 FDI 区位分布的关系，地理集聚、契约联结程度高的地区将在合作产品贸易上拥有比较优势，

---

[1] 企业合作网络，是指将企业和经济组织之间相互依赖的活动关系看作一种企业网络，各种从事互动活动的经济行为者就是网络中的节点。

FDI 企业倾向于在契约制度较为完善的地区和行业进行投资（盛丹、王永进，2010）。契约合作度越完善，企业遵照契约执行的效率越高，FDI 企业为此付出的交易成本也越低。

合作网络的作用和影响：各合作网络节点上，成员企业以正式契约或非正式契约的形式联结在一起，进行纵向协同和横向协同的互动活动，实现互动的价值和效率最大化的目标，同时提高企业自身和成员企业的整体绩效。FDI 企业采用更灵活的生产组织形式，深入各个不同的区域，在当地投资的同时，也吸引了自身的供应商企业从外部迁入，在当地聚集，并促成了当地小企业的分工协作，这些协作产生的小企业成为供应链上的不可或缺的环节，制度约束等机制发挥了极其重要的作用（黄少安、韦倩，2011）。如图 3-5 所示，FDI 企业和本土企业形成的企业合作网络有助于强化内部协作的动力机制，增强网络集群的技术、成本和品牌等优势，从而提升企业集群的整体竞争力。这个作用是双向的。

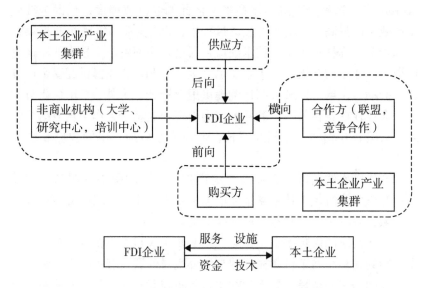

图 3-5　合作网络内 FDI 企业与本土企业的互动

资料来源：笔者根据企业与产业集群关系自行绘制。

（1）对本土企业的作用。一般来说，相对于本土企业而言，FDI

企业规模相对较大且技术实力雄厚，在合作网络中与众多本土企业形成了纵向和横向联结，并通过垂直分工结成企业网络关系，FDI 企业在网络中的研发支撑作用和技术交流引领是本土企业无法取代的。本土中小企业竞争力弱，在与 FDI 企业合作的过程中获得专业化利益，由于技术外溢，本土企业利用外部规模经济提高自身技术水平，提高企业竞争力，并有机会参与全球的竞争体系。由于在上下游供应等方面本土企业的服务能力提高，成本优势、专业化优势的特点突出，FDI 企业逐渐减少进口，与当地产业链的合作增加，转为以本土配套为主。

（2）对 FDI 企业的作用。FDI 企业从合作网络中获得稳定的、地方化的服务，进一步提高其竞争优势。企业合作网络意味着一个地区在某一行业上的分工和专业化有足够的深度，因而生产率会提高；生产率的提高带来人才聚集和信息高效率传递，使得这个地区的相关产业及企业的发展更加成熟。FDI 不仅带来了投资机会和技术外溢，还与国内上下游企业形成前向与后向关联效应，FDI 企业充分利用我国劳动力和自然资源丰富的特点，与经销商形成关联，充分利用本土经销商与当地政府关系资源以及市场网络资源。

由上可见，FDI 企业与本土企业彼此作用于对方。FDI 的进入加强了企业网络的内部协作，为在内部的分工协作、信息协同提供了内生性动力，推动了网络内动力系统的运行。本土企业的配套产业链、专业化服务形成区位优势，区位优势进一步吸引更多 FDI 的进入，形成规模效应和成本效应，技术也更趋完善，从而形成良性循环。

（三）竞合关系

FDI 企业与本土企业的竞争与合作关系基于合作与博弈理论的提出，其以供应链管理为主线，以创造双方共同的价值为动机，经营活动中有竞争，也有合作，是互动关系的一种新理念，竞争与合作从企业发展和资源配置的角度出发，使企业关系得到调整，竞争加大紧迫感，合作提高协同能力，创造双赢的效应。

抢夺资源，互相竞争，又互相模仿学习，这是竞合关系不同于传统合作关系的特点，通过企业之间的竞争活动发挥作用。在竞争有限资源的过程中，两个独立存在的，具有竞争关系的企业，与合作关系中的双方一样可以发现对方的优势所在，并互相学习及模仿所长作为己用，FDI 企业在与本土企业双向互动时，具有如下四种经济效应。

规模效应。首先，每个企业可能在某个利基市场存在比较优势，但是这种优势无法覆盖全行业。尽管单个企业有自身的优势领域，但竞合网络的存在可以帮助企业更好地发挥其功效。其次，企业间合作有利于专业化市场分工的实现，整合各个企业在研发、生产、销售、售后等方面的优势，进一步产生规模效应。最后，内外资企业通过合作，制定相应的行规与标准，拓展了合作的外部效应。

成本效应。首先，企业的契约合作建立了稳定的合作关系，降低了市场的不确定性，合作企业间的信息共享，降低了内部信息的传播和管理成本，提高了合作效率；其次，竞合网络的存在促使合作企业能够长期了解彼此、信任彼此，从而降低了每次合作的信息搜寻成本，也减少了后期机会主义行为，减少了合作费用。最后，内外资企业之间相互学习、分享经验和信息有利于提高内部运行效率，降低管理成本。FDI 企业为尽快融入本土市场，需要学习"本土化"的操作手法。

协同效应。行业企业具有异质性，竞合关系的存在扩大了企业与外界接触的边界，可以充分调动外界资源进行资源配置。此外，竞合双方在前期博弈的过程中，互相指出对方的问题，然后将各种风险的可能性进行了预演，基本避免了后续市场竞争中的弯路，节约资源投入，减少了前期投入的沉没成本，并过双方资源互补，产生了"1 + 1 > 2"的协同效应。

创新效应，竞合关系使 FDI 企业与本土企业可以互动学习，有利于双方企业的知识要素的充分流动，有利于合作企业的研发能力整合并进行创新。此外，合作组织整体的信息成本低，可以更为便捷地追踪市场动态，为企业提供新的思路，增强了企业的创新能力和应对外部环境的适应能力，可以更好地应对市场变化和消费者需求变化，提高业务流程绩效。

FDI 企业与本土企业形成既有合作也有竞争的关系，竞争合作理论的关键在于双赢，这反映了企业在商业战略领域的智慧。这种智慧有着必须强调的存在前提，那就是合作参与方必须共同遵守公平合理的市场合作竞争制度规定。此时这种竞合关系才能够发挥作用，充分实现企业间的资源互补，共同做大做强整体市场，提高互动主体的整体绩效表现。

第三节　珠三角 FDI 企业与本土企业的互动关系分类

基于企业之间的信息传播程度与合作程度，我们把珠三角的 FDI 企业与本土企业的互动关系划分到四个象限，将信息传播与契约合作两个维度的互动关系有机联结起来，避免了互动关系单维度的孤立与割裂，使我们对互动关系的分析和提出的对策更加具有聚合性与针对性。各象限范围内的企业互动关系具有不同特点，同一象限的企业之间的互动关系具有同质性，主要体现在协同关系、信息合作交流、契约精神、契约规范、企业伦理等方面，可以归纳出共同的特点，如图 3－6 所示。

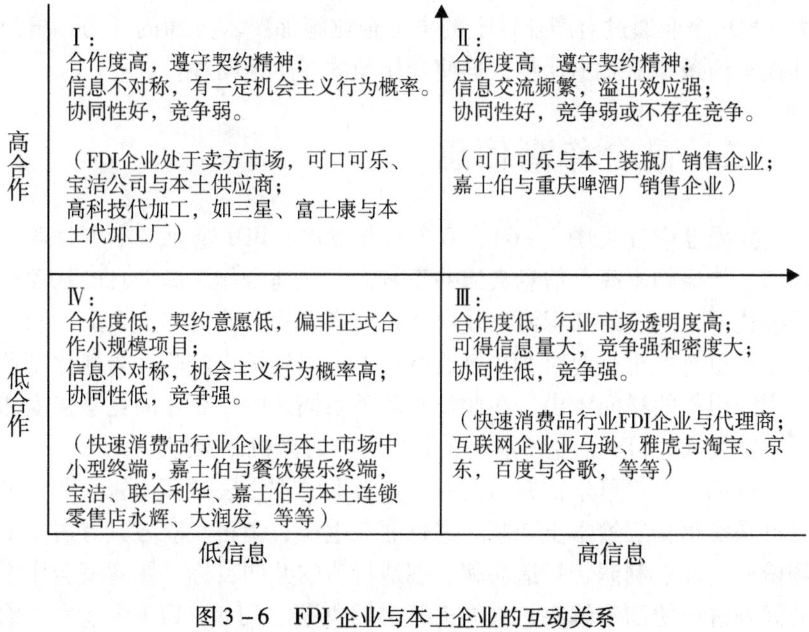

	低信息	高信息
高合作	Ⅰ： 合作度高，遵守契约精神； 信息不对称，有一定机会主义行为概率。 协同性好，竞争弱。 （FDI企业处于卖方市场，可口可乐、宝洁公司与本土供应商； 高科技代加工，如三星、富士康与本土代加工厂）	Ⅱ： 合作度高，遵守契约精神； 信息交流频繁，溢出效应强； 协同性好，竞争弱或不存在竞争。 （可口可乐与本土装瓶厂销售企业； 嘉士伯与重庆啤酒厂销售企业）
低合作	Ⅳ： 合作度低，契约意愿低，偏非正式合作小规模项目； 信息不对称，机会主义行为概率高； 协同性低，竞争强。 （快速消费品行业企业与本土市场中小型终端，嘉士伯与餐饮娱乐终端，宝洁、联合利华、嘉士伯与本土连锁零售店永辉、大润发，等等）	Ⅲ： 合作度低，行业市场透明度高； 可得信息量大，竞争强和密度大； 协同性低，竞争强。 （快速消费品行业FDI企业与代理商； 互联网企业亚马逊、雅虎与淘宝、京东，百度与谷歌，等等）

图 3－6　FDI 企业与本土企业的互动关系

资料来源：笔者根据信息传播与契约合作维度的互动特点绘制。

一、高合作低信息

在象限 I 中（如图 3 - 6 所示），双方企业合作程度高，信息传播量低，信息不对称，协同效应强。合作双方遵守契约精神，注重契约条款的履行情况，但由于信息不对称，合作双方具有一定从事机会主义行为的可能性。相较于本土供应商企业，前期 FDI 企业的议价及谈判能力较高，而本土企业的议价及谈判能力弱。

位于这一象限的本土企业多指 FDI 企业的珠三角代加工企业，或聚集在 FDI 企业上下游产业链上的企业，如三星电子在珠三角的本土加工企业，可口可乐饮料、宝洁日化用品公司在珠三角的本土供应商企业。对于信息不对称的关联企业、上下游企业，FDI 企业具有品牌效应、规模效应等优势，在议价过程中采用多家询价、比较的方式，压制本土企业报价。购买招标过程中信息交流少，往往以单向信息传播为主，即本土供应商企业需向购买方 FDI 企业提交工艺说明、生产能力、企业资质和诚信调查等信息以证明其具有合格的产品供应能力，FDI 企业通过对产业链上的本土企业施加要求方面的压力，迫使其在契约条款上做出让步，迫使合作契约产生偏向性。

二、高合作高信息

象限 II 中（见图 3 - 6），双方合作度高，FDI 企业与本土企业之间信息传播频率高，信息交流共享量大。在高合作、高信息的互动关系模式下，企业的知识溢出效应强，既有 FDI 企业对本土企业的知识溢出，也有本土企业对 FDI 企业有关本土市场操作经验、当地化设备使用知识等的逆向溢出。在此类互动关系模式中，企业的竞争强度和竞争密度大，FDI 企业与本土企业之间的协同机制较好。

例如，可口可乐饮料与前向产业链上的本土装瓶厂销售企业，可口可乐卖出糖浆给本土装瓶厂进行灌装生产、销售，双方具有占领市场份额、获取利润、打造品牌、创造价值的共同目标，愿意就合作中的问题进行协商和解决，共同进行市场决策。又如，FDI 企业嘉士伯啤酒与并购的本土企业重庆啤酒厂、云南啤酒厂、宁夏啤酒厂等，在企业文化、人力资源、市场营销、生产制造、供应、财务、内部组织运作系统等方面进行全面的信息共享、合作交流，就市场重大决策问题共同商讨做出决定。嘉士伯啤酒与云南啤酒、重庆啤酒、新疆啤酒品牌的销售团队在 2018 年整合，云南市场销售团队的每一位销售人员既铺货高端品牌嘉士伯、乐堡啤酒、法国 1664 白啤，也铺货本土啤酒品牌黄河、重庆、大理、风花雪月等，产品链丰富，人员队伍整合使西部市场占有率超越其最大竞争对手——全球第一啤酒集团百威英博。每位销售人员都有一台手机用于在拜访市场网点时输入市场信息、本品和竞争对手的价格信息、不同包装的产品分销、网点的生动化陈列图片、库存、促销活动等，传播高度信息化，管理者在集团的 E-sales 系统后台登录即可调取共享信息与销售执行情况进行管理分析和对应的策略拟定。

三、低合作高信息

象限Ⅲ中（见图 3-6）的 FDI 企业和本土企业合作度低，行业市场透明度高，两者之间的信息传播交流频繁，双方企业的信息可得性大。FDI 企业与本土企业的经营相对独立，几乎不产生契约合作关系，但存在广义上的竞合关系，即双方基于追求市场占有、获利等的某种合作关系。企业对竞争对手或合作伙伴的优势特点也有意愿去学习和模仿，所在的行业具有一定的竞争程度，协同程度呈较低的态势。

这类 FDI 企业与本土企业以互联网行业中的外资与本土企业为典型，如互联网企业百度与谷歌，淘宝网与 eBay，腾讯与 MSN 等，由于互联网行业信息传播快速、互动频繁、信息储存量大等特点，即使 FDI 企业与本土企业不存在契约意义上的实际合作，也能通过各自的信息传播平台获得彼此大量的信息，如营销方式、售后服务、数据库存储、网站文字的采编播技术等。此外，人员流动频繁加速了企业之间的知识溢出。在信息传播便捷的环境下，有助于原本技术落后的本土企业通过信息沟的跨越迅速获得技术知识，享受溢出效应红利，并在"干中学"模式中快速追赶，提高竞争能力。这种模式下的外资企业与本土企业之间缺乏传统意义上的契约合作关系，两者甚至是竞争对立关系，却具有信息互动的特征。

四、低合作低信息

象限 IV 中（见图 3－6），FDI 企业与本土企业的合作度低，双方的主观合作意愿低，且缺乏信息交流互动，信息割裂，双方企业如果达成合作，从事机会主义行为的可能性较高。这类企业以非正式的、小规模企业之间的合作为主，经营独立，协同效应差。

快速消费品行业的外资巨头如百威英博、嘉士伯、可口可乐、宝洁、联合利华，与本土市场中的传统渠道终端企业如永辉超市、大润发超市等，还包括餐饮、娱乐渠道的本土企业等均为这一互动关系的典型。由于需要将产品卖到各销售渠道接触消费者，品牌巨头需要与大型连锁本土企业进行谈判。这些本土连锁企业的单个销售网点规模小、分布广，娱乐餐饮业还存在一些管理不规范、机会主义充斥、契约执行效率弱的情况。基于这类本土企业的特点，以及基于对人力物力资源、交易成本等的考虑，跨国企业一般会避免正面面对，且避免采取直销模式，而是采取本土代理商模式，前期在进入不熟悉的本土市场时，依靠本土代理商企业的网络关系和资源配置迅速占领市场终端，市场终端企业与跨国企业之间缺乏直接的合作关系、两者的信息交流传播的频率低。

本章小结

本章主要对 FDI 企业与本土企业互动机制进行了机理分析，包括对动机、路径、影响、主体与客体的阐述，如前述表 3－1、表 3－2 的相关内容，小结不再重复。

本章第三节以信息传播与契约合作为横纵维度，把珠三角的 FDI 企业与本土企业的互动关系划分为四个象限，各象限范围内的企业互动关系具有不同特点，同一象限的企业之间的互动关系具有同质性，主要体现在协同关系、信息合作交流、契约精神、契约规范、企业伦理等方面，可以归纳出共同的特点。这四个象限的特点分别为：高合作低信息、高合作高信息、低合作高信息、低合作低信息。

第四章 基于信息传播维度的珠三角FDI企业与本土企业互动的实证分析

在享受了多年溢出效应的红利之后，本土企业的自主创新能力不断提高、竞争能力逐渐增强，本土企业与外商直接投资企业的技术差距正在不断缩小，部分本土企业在技术上甚至赶超外商直接投资企业，两者之间已经不是简单的影响与被影响、主动与被动的关系，而是相互作用与相互制约，本土企业对外商直接投资企业产生的竞争及逆向影响越来越多。国家统计局数据显示，2019年粤港澳大湾区GDP达11.62万亿元①，在经济总量上已成为世界第二湾区，发展势头强劲。大湾区的内陆9个城市（珠三角）的FDI企业发展离不开本土企业提供的配套设施和关联服务，从而获得在全球价值链环节中的区位优势。而FDI企业又为珠三角的本土企业带来生产、营销、服务、规范等要素溢出。加强FDI企业与本土企业的互动合作，与珠三角的经济发展战略意图相符，有利于促进当地区域的经济发展。

珠三角模式的城市群深度融合发展有利于增强对外资进入的吸引力，但是这种吸引力对处于不同经济发展阶段的城市以及不同类型FDI具有异质性特征（刘胜、申明浩，2018），科技、知识要素在湾区内传播环境下的自由流动，影响着产业协同发展。另外，珠三角企业转型的重要方向是在扩大内需的同时逐渐摆脱外资依赖，扩大与"一带一路"沿线国家的产业合作，开拓新兴市场。珠三角需采取合作共赢的方式吸引外资，偏向于新业态、新模式及高科技行业，亟待从价值链合作中找到定位，从而摆脱仅为外资的代加工厂等价值链末端角色。FDI企业与本土企业亦友亦敌，既有合作又有竞争，本土企业与FDI企业之间的互动呈现一种紧密而微妙的关系。

---

① 数据来源：《中国城市统计年鉴2019》。

本书从珠三角的微观经济视角切入，关注的焦点问题是：珠三角的数字鸿沟是否对 FDI 企业与本土企业的互动合作机制产生影响？珠三角的信息传播水平是否在不同阶段影响 FDI 企业与本土企业的互动合作过程和结果？以上研究，既揭示了数字鸿沟对两类企业互动机制的作用原理，又深入探索了在信息差距背景下珠三角两类企业的互动合作机制。

第一节　数字鸿沟与外资变动的相关性

在华外商直接投资可以通过多种方式对本土企业进行技术溢出，本土企业通过加深与外商直接投资的合作关系，并通过人员在企业之间的流动提高溢出水平，增强竞争能力，从而实现技术赶超（Fosfuri，2006）。本土企业通过学习及吸收动能，动能逐渐从高势能的外资方流向低势能的本土方，逐渐缩小与相关行业、地区的外商直接投资企业的势能差，甚至反过来对 FDI 企业产生作用力。FDI 企业与本土企业在技术、人才等要素上的交流合作以及在产业链上的资源整合，有助于本地区产业集群的发展。信息传播通过作用于不同技术型企业的管理能力、创新能力而影响其技术扩散效应的大小，研究表明，对发达国家的 FDI 企业而言，互联网技术扩散效应更加明显，这意味着在数字鸿沟较低的发达国家，企业技术水平趋同，在信息技术领域投资形成良性互动的局面（Gulati and Yates，2012）。现代信息技术的发展缩小了城市之间的数字鸿沟，使本土企业的学习成本大大减少，有利于本土企业接近或赶超全球产业链领先环节的跨国企业，有助于本土企业学习适应能力的提高，扩大技术溢出效应，明显提升 FDI 企业和本土企业之间的资源要素应用水平（刘伟，2011；Sung，2015）。

数字鸿沟的弥合影响企业互动合作水平存在三种路径。第一，数字信息要素的传播加剧了区域内企业竞争，导致外商直接投资的撤出（陈继勇 等，2017）。数字鸿沟的逐渐填平使 FDI 企业和本土企业所处区域的竞争强度加大，FDI 企业的市场份额、盈利压力加大，越有可能撤出区域市场，这种市场环境不利于 FDI 企业和本土企业的互动合作（吴剑峰 等，2009）。第二，高信息成本形成了高市场准入门槛，缩小了企业区位选择的空间。地理集中效应使企业的信息搜寻成本降低，社会化效应促进企业共担风险，由此产生企业在市场中的信息共享及稳定合作机制（王缉慈、童昕，2001）。外商直接投资企业进入，利用技术竞争优势强化与本土企业的互动合作关系（Mariotti et al.，2010）。此外，还有学者认为，信息不对称意味着信息市场的分割，在被分割的非一体化市场条件下，地方政府存在保护本土优质企业的冲动，FDI 企业准入障碍加大，不利于本土企业与 FDI 企业的深化合作。而在信息不对称减少，数字鸿沟缩小的环境下，当地市场整体性程度加深，同时会地方政府和企业的市场保护成本增加，导致地方政府采取更积极的引进外商直接投资的政策，推进外商直接投资与当地企业集群形成行业产业链上下游关系（Parsley and Wei，2001；李雪松、孙博文，2015；代太山 等，2008）。第三，信息传播通过作用于集聚经济而影响本土企业与 FDI 企业的互动合作关系（陈继勇 等，2017）。集聚经济是影响 FDI 企业融入国内产业链与本土企业合作的重要动力因素，学者研究基础设施建设、专业化服务、劳动力市场及产业簇群对外商直接投资融入本土产业链存在影响，深化了本土企业和 FDI 企业互动合作关系（Krugman，1991）。

此外，还有学者从实践层面进行探讨，认为信息成本具有区域差异性（Head and Ries，1996），如粤港澳大湾区部分地区经济中心数字鸿沟较小，商业关系以及知识溢出成为地区信息交流的主要路径（Mariotti et al.，2010）。由此带来的市场开放程度、比较优势，是决定粤港澳区域经济联系的基本要素之一，但是，从短期来看，数字鸿沟对当地政策的影响具有滞后性，使得该经济联系效应未能凸显。相反，粤港澳经济联系强度在一定程度上受到抑制，且抑制效应随时间推移而逐步增强（汪文姣 等，2019）。

综合现有研究，信息传播作用于企业的研究缺乏一个分析 FDI 企业与本土企业互动机制的框架。现有研究集中在探讨信息要素交流通过区位选择、产业集聚等路径作用于两类企业的合作，但少有基于数字鸿沟变化研究其对 FDI 企业与本土企业互动合作的作用。基于此，本研究拟构建一个数字鸿沟作用于 FDI 企业与本土企业互动合作机制的理论分析框架，并在此框架内以珠三角外商直接投资企业为例进行分析，从企业合作的微观视角对数字鸿沟的弥合影响两者合作关系进行实证研究，并在此过程中尝试解决数字鸿沟的内生性问题。

理论假设：信息传播技术和传播工具的发展，造成了全球范围及国家内部地区之间的信息获取能力差别，既包括发达国家与发展中国家的差距，也包括国家内部的地区行业之间的差距。这种获取信息能力的差距以及获取到的信息数量、内容的差距形成数字鸿沟，也叫信息鸿沟，缩小中国国内及与国家外部的信息鸿沟，有助于中国从信息大国向信息强国发展（胡鞍钢、周绍杰，2002）。FDI 企业与本土企业的互动合作动能源自双方的地位势能差，即既有的技术、管理水平差距，处于落后的一方即处于势能低位的一方——本土企业，通过模仿学习，从 FDI 企业获取技术及人才要素。而在前期，FDI 企业需要借助本土企业政府的资源，完善生产链环节的布局，降低新进入市场的信息搜寻成本及风险性，通过竞争与合作的动能传递，提高整体绩效水平，经过动能传播后，双方处于势能对等的区位，此时的动能与势能达到一种动态平衡。研究发现，数字鸿沟的缩小会降低市场壁垒及促进产业链的上下游布局，过程影响本土经济与外商直接投资的互动合作，但存在空间差异性（Mariotti et al.，2010；Parsley and Wei，2001；代太山 等，2008；Krugman，1991）。基于此，本书提出命题1。

命题1：数字鸿沟对区域本土企业与 FDI 企业的互动合作具有显著的影响，但存在区域以及行业上的异质性。

一个地区内与外商直接投资的合作水平取决于地区数字鸿沟指数及信息传播的对称程度（Clemons and Row，1992）。在数字鸿沟较大的阶段或地区，信息传播程度相对较低，本土企业与 FDI 企业的技术水平、管理水平以及竞争能力的差距大。相对于 FDI 企业，本土企业有更强的合作动机和合作意愿，期望提高企业的竞争能力，而 FDI 企业也有互动合作的动机和意愿，就是利用自身的技术水平位于高势能的优势获取超额回报，如市场份额或利润。在这种市场环境下，本土企业与 FDI 企业存在互动合作的正激励诱导因素；然而，数字鸿沟的存在带来了地区信息差别，在地方官员晋升锦标赛背景下，地方政府具有保护本土企业抑制外商直接投资的动机，这种动机及机制产生了两者互动合作的负激励因素。负激励因素在数字鸿沟较大的制造业、农牧业等经济、信息工具相对落后的行业，效应更加明显，当外商直接投资企业与本土企业的技术差距超过门槛值时，会受到较大内外部、软硬件条件的限制，本土企业难以模仿学习外商直接投资企业内部的先进技术、管理经验，使"示范—模仿"的模型效应受限，企业的契约合作程度降低（Girma and Shete，2018；Hale and Long，2006；宋勇超，2013）。珠三角内，数字鸿沟较大的地区、行业的本土企业和 FDI 企业的技术差大部分高于区内平均水平，因此仅有合作主观意愿不足以跨越客观障碍，基于此，本书提出命题2。

命题2：在数字鸿沟较大的行业或地区，本土企业与 FDI 企业的互动合作既有激励正效应，也有由技术差距及地方保护带来的负效应，综合以上作用力量，数字鸿沟与互动合作程度负相关。

在数字鸿沟较小的地区或者行业，信息通达水平高，由信息不对称引发的商业伦理风险日趋缓解，网络数字技术的迅猛发展也加速了信息要素脱离物理形态上的约束，数字信息资源和知识技术资源在地区范围内快速流动、重新配置，技术密集型企业的区位优势被削弱，传统的 FDI 企业处于势能高区，通过物理形态意义的动态传播，原拥有的技术竞争高势能地位不断流失，资源禀赋要素迅速扩散至一部分低势能本土企业，弱化了企业互动合作的激励（Krücken et al.，2007）。由于数字鸿沟的逐渐弥合，地方保护的成本逐渐增加，有利于刺激外商直接投资引进及合作政策的制定，促进本土企业集群与外商直接投资加快融合的步伐。基于以上论述，本书提出命题3。

命题3：在数字鸿沟较小的行业或地区，存在提高地方保护成本、强化本土企业与 FDI 企业互动合作的正效应，也存在 FDI 企业竞争优势流失，削弱两者互动合作激励的负效应。最终结果取决于两种效应的对比。

本书在引入了地区或行业存在数字鸿沟的背景下，从信息传播的视角，研究了数字鸿沟的大小对当地互动合作机制及政策的影响，以及对外商直接投资准入、本土企业与 FDI 企业合作过程的影响。结合新常态下中国经济发展特点，本书提出数字鸿沟影响本土企业与 FDI 企业互动合作的机制框架，如图 4-1 所示。

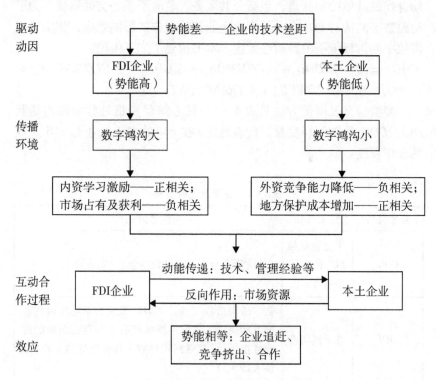

图 4 - 1　FDI 企业与本土企业互动合作的机制框架

资料来源：笔者根据本书思路绘制。

第二节　实证分析

一、研究设计和数据描述

港澳资本与西方资本具有本质差异，本书研究的外商直接投资包括港澳资本。FDI 企业与本土企业的互动合作程度的作用变量包括地理位置、产业结构、经济发展水平、开放程度等（何洁，2000），还包括人力资本、国内技术研究水平。此外，本书还加入了影响企业互动合作的其他控制变量，包括公共服务、政府干预、交通运输，为了检验数字鸿沟对 FDI 企业与本土企业互动合作的影响效应，识别出不同数字鸿沟环境下的异质性效应，本书构建了如下模型：

$$COO_{it} = \beta_0 + \beta_1 DDI_{it} + \beta_2 COMMON_{it} + \beta_3 GDP_{it} + \beta_4 INTERVENE_{it} +$$
$$\beta_5 MANPOWER_{it} + \beta_6 TRANSPORT_{it} + \varepsilon \qquad (1)$$

变量含义及度量方法见表 4-1，核心解释变量是数字鸿沟指数 DDI，COO_{it} 为被解释变量，代表地区 i 在 t 年的本土企业与 FDI 企业的合作程度。

表 4-1 变量及度量方法

变量符号	变量名称	度量方法
COO	本土企业与 FDI 企业互动合作	（外商资本金 + 港澳台资本金）/实收资本
DDI	数字鸿沟	数字鸿沟指数（地区 DDI）是反映不同地区间在拥有和使用主要信息技术产品方面存在差距的综合性指标。（互联网用户数 + 移动电话数）/（常住人口 ×2）
$COMMON$	公共服务	地方财政一般公共服务支出（教科文卫）/GDP
GDP	经济发展	人均 GDP
$INTERVENE$	政府干预	预算内财政支出占 GDP 比重
$MANPOWER$	人力资本	大专以上学生人数
$TRANSPORT$	交通运输	地区内铁路里程 + 公路里程

本土企业与 FDI 企业互动合作 COO 数据来源于中国经济社会大数据研究平台，数字鸿沟指数 DDI 来自国家信息中心 2019 年的中国数字鸿沟报告。国内生产总值（GDP）、预算内财政支出、地方财政一般公共服务支出、交通运输里程数据、大专以上学生人数来自市统计局网站。关键变量的描述性统计结果如表 4-2 所示，地区或行业的数字鸿沟指数越低，表示信息传播程度越通达。

表4-2　描述性统计

VAR	COO	DDI	COMMON	GDP	INTERVENE	MANPOWER	TRANSPORT
Item	%	%	%	万元	%	万人	千米
NO	171	171	171	171	171	171	171
Average	0.219	3.174	0.026	5.7	0.076	14	5513.013
Std	0.106	5.171	0.012	3.9	0.037	28	3865.548
Min	0.02	0.538	0.006	7.422	0.014	0.3	784
Max	0.53	35.076	0.063	18	0.21	140	14000

数据来源：中国经济社会大数据研究平台（https://data.cnki.net/yearData）。

另外，本书使用 Pearson 方法测算了主要变量间的相关系数，变量间的相关系数均未超过 0.4，说明各变量之间未存在严重的多重共线性问题。

二、实证检验与分析

本书根据数字鸿沟指数将珠三角城市和行业进行排序，分析本土企业与 FDI 企业的合作程度从数字鸿沟大的环境到数字鸿沟小的环境的相关性变化。本次以珠三角九个城市为研究对象，分别按照城市和行业对模型（1）进行回归分析。分地区实证结果如表4-3所示。

表4-3　分地区实证结果

Variable	(1) 广州、深圳、东莞、佛山	(2) 广州、深圳	(3) 东莞、佛山	(4) 江门、中山、惠州、肇庆、珠海
ln DDI	0.0208	0.0622	-0.247 **	-0.323 ***
	(0.0848)	(0.0712)	(0.114)	(0.0793)
ln COMMON	-0.464 ***	-1.115 ***	0.0264	-1.230 ***
	(0.115)	(0.120)	(0.152)	(0.221)
ln GDP	-0.250 **	0.237 ***	-0.225	-0.686 ***

续上表

Variable	(1) 广州、深圳、东莞、佛山	(2) 广州、深圳	(3) 东莞、佛山	(4) 江门、中山、惠州、肇庆、珠海
	(0.123)	(0.0759)	(0.147)	(0.119)
ln *INTERVENE*	0.0757	0.649 ***	-0.129	0.463 ***
	(0.108)	(0.193)	(0.0976)	(0.158)
ln *MANPOWER*	0.182 ***	-0.301 ***	0.260 **	0.191 **
	(0.0341)	(0.104)	(0.108)	(0.0794)
ln *TRANSPORT*	-0.334 ***	0.537 ***	-1.468 ***	-0.191 **
	(0.0907)	(0.174)	(0.373)	(0.0765)
_*cons*	0.241	-7.515 ***	9.930 ***	2.010
	(1.742)	(1.219)	(2.762)	(1.937)
N	76	38	38	95
R^2	0.586	0.899	0.572	0.705

注：括号内数字为 t 检验值，***、**、*分别表示系数 t 统计值在 1%、5%、10% 的水平上通过显著性检验。

经济相对发达的广深地区信息化程度较高，江门、惠州等地区信息化程度偏低。通过表 4 - 3 可发现江门、中山、惠州等地区的相关系数 -0.323 在 1% 水平上通过显著性检验，东莞、佛山的相关系数 -0.247 在 5% 水平上通过显著性检验。信息化程度偏低的地区，*DDI* 指数与本土企业和 FDI 企业互动合作呈现负相关关系，本土企业虽然具备学习动机，但由于本土企业与 FDI 企业的技术差距偏大，双方技术溢出效应不明显，无法有效融合，即两者的技术差距是技术溢出效应的递减函数，命题 2 得到验证。信息传播较为通达的广州、深圳、佛山，数字鸿沟指数 *DDI* 与本土企业和 FDI 企业互动合作呈现正向相关关系。经济发展水平较高的城市，具备较强的学习能力，为本土企业和 FDI 企业之间知识溢出创造了必要条件。经过检验，命题 3 中 *DDI* 与两类企业互动合作为正相关关系。

　　表 4 - 4 是分行业实证结果，表中从左至右农、林、牧、渔业的数字鸿沟指数最高，金融以及信息传输、计算机服务和软件业数字鸿沟最低。在数字信息传播较弱的行业中，建筑业相关系数为 - 0.202，农、林、牧、渔业相关系数为 - 0.175，住宿和餐饮业相关系数为 0.181，均在 1% 水平上通过显著性检验。在向数字鸿沟低的行业移动时，发现 *DDI* 指数与本土企业和 FDI 企业互动合作（*COO*）偏向正相关。信息传输、计算机服务和软件业相关系数为 0.182，在 1% 水平上显著，金融业相关系数为 0.189，在 1% 水平上显著。在分行业的实证检验中，数字鸿沟指数高的行业数字鸿沟指数 *DDI* 与本土企业和 FDI 企业互动合作（*COO*）大多呈现负相关，当向低数字鸿沟行业偏移时，负相关关系逐渐转为正相关关系。检验结果与命题 2 一致，命题 3 的检验结果为正相关关系。数字鸿沟对两类企业互动合作具有显著影响，但信息传播环境的不同对两者的互动合作产生不同的效应，验证了命题 1。

表 4 - 4　分行业实证结果

Variable	总体回归 M1	农、林、牧、渔业 M2	建筑业 M3	批发和零售业 M4	交通运输、仓储和邮政业 M5	住宿和餐饮业 M6	金融业 M7	信息传输、计算机服务和软件业 M8
ln *DDI*	-0.181***	-0.175***	-0.202***	-0.155***	0.194***	0.181***	0.189***	0.182***
	(0.0587)	(0.0605)	(0.0624)	(0.0567)	(0.0597)	(0.0593)	(0.0642)	(0.0581)
ln *COMMON*	-0.556***	-0.516***	-0.573***	-0.591***	-0.553***	-0.556***	-0.556***	-0.555***
	(0.0761)	(0.105)	(0.0751)	(0.0802)	(0.0779)	(0.0774)	(0.0761)	(0.0760)
ln *GDP*	-0.497***	-0.538***	-0.451***	-0.448***	-0.494***	-0.497***	-0.514***	-0.502***
	(0.0821)	(0.0989)	(0.0916)	(0.0811)	(0.0832)	(0.107)	(0.0918)	(0.0966)
ln *INTERVENE*	0.0961	0.0828	0.0349	0.185*	0.0800	0.0962	0.0824	0.0935
	(0.112)	(0.102)	(0.127)	(0.110)	(0.102)	(0.113)	(0.119)	(0.105)
ln *MANPOWER*	0.136***	0.143***	0.124***	0.0714*	0.134***	0.136***	0.134***	0.136***
	(0.0366)	(0.0334)	(0.0370)	(0.0339)	(0.0390)	(0.0390)	(0.0362)	(0.0364)
ln *TRANSPORT*	-0.332***	-0.330***	-0.328***	-0.249***	-0.342***	-0.332***	-0.331***	-0.332***

续上表

Variable	总体回归 M1	农、林、牧、渔业 M2	建筑业 M3	批发和零售业 M4	交通运输、仓储和邮政业 M5	住宿和餐饮业 M6	金融业 M7	信息传输、计算机服务和软件业 M8
	(0.0655)	(0.0666)	(0.0650)	(0.0601)	(0.0599)	(0.0652)	(0.0653)	(0.0657)
_cons	3.259***	3.753***	2.523**	2.566**	3.286***	3.262**	3.395***	3.298***
	(1.068)	(1.325)	(1.231)	(1.076)	(1.063)	(1.347)	(1.106)	(1.157)
N	171	171	171	171	171	171	171	171
R^2	0.596	0.597	0.598	0.611	0.597	0.596	0.597	0.596

注：括号内数字为 t 检验值，***、**、* 分别表示系数 t 统计值在 1%、5%、10% 的水平上通过显著性检验。

三、稳定性检验

为了进一步检验上述回归结果的稳健性，将城镇化率作为控制变量加入描述性统计。如表 4 – 5 所示，$lnDDI_1$ 与两类企业互动合作关系仍显著负相关，且随着信息便捷度的递增，这种负相关关系在加强；表 4 – 6 中，对于数字鸿沟低的地区，$lnDDI_2$ 与两类企业的互动合作关系正相关。综合发现稳定性检验结论和回归结果基本一致，在不同的行业和地区，随着数字鸿沟指数的变化，变量之间显示出异质性。上述方法验证了数字鸿沟与内外资企业互动关系检验的稳健性。

表 4-5　稳定性检验——分行业检验结果

	农、林、牧、渔业	建筑业	批发和零售业	交通运输、仓储和邮政业	住宿和餐饮业	金融业	信息传输、计算机服务和软件业
$\ln DDI_1$	-0.109***	-0.160**	-0.918**	0.500**	-0.946***	1.693***	1.827***
	(-3.360)	(-2.226)	(-2.081)	(2.758)	(-12.592)	(3.474)	(3.708)
$\ln COMMON$	0.074	-1.027	2.513	1.277	1.260	0.041	-0.830
	(0.111)	(-0.434)	(1.541)	(0.311)	(2.486)	(0.017)	(-0.457)
$\ln GDP$	-1.554	-3.867	-3.383	6.249	8.133**	0.060	2.927
	(-2.007)	(-0.383)	(-1.265)	(1.060)	(4.869)	(0.027)	(1.128)
$\ln INTERVENE$	0.259*	0.211	1.514***	-0.846	-0.420**	-0.256	-0.678
	(2.093)	(0.195)	(5.059)	(-0.715)	(-4.324)	(-0.487)	(-0.654)
$\ln MANPOWER$	0.042	0.074	0.215*	-0.052	-0.441**	0.348	0.000
	(0.614)	(0.297)	(2.013)	(-0.254)	(-6.639)	(0.695)	(0.009)
$\ln TRANSPORT$	-0.003	-0.007	40.639***	-0.022	0.763***	0.001**	-0.222
	(-0.719)	(-0.697)	(3.473)	(-2.534)	(9.874)	(2.104)	(-1.349)
R-squared	0.785	0.618	0.989	0.970	0.992	0.871	0.984
Adjust R-squared	0.277	-0.718	0.979	0.864	0.969	0.805	0.874
F-statistic	0.039	0.462	0.000	0.102	0.023	0.015	0.252
Durbin-Watson statistic	2.682	2.036	1.998	2.705	2.756	2.705	2.119

注：括号内数字为 t 检验值，***、**、*分别表示系数 t 统计值在 1%、5%、10% 的水平上通过显著性检验。

表 4-6　稳定性检验——分地区检验结果

变量	(1) 广州、深圳、东莞、佛山			(2) 广州、深圳			(3) 东莞、佛山			(4) 江门、中山、惠州、肇庆、珠海		
$\ln DDI_2$	-0.416*** (-2.938)			-3.190 (-1.678)			0.054 (0.261)			0.009 (0.009)		
$\ln DDI_3$		-0.379** (-2.407)			-3.398*** (-2.917)			0.042** (2.187)			1.996** (2.105)	
$\ln DDI_4$			-0.280*** (-3.281)			-4.355*** (-3.720)			0.059** (2.235)			0.095** (2.091)
$\ln LAB$	0.011** (2.290)	0.010*** (3.239)	0.083** (2.293)	1.605 (1.364)	1.650** (2.061)	1.061 (1.006)	0.013 (0.109)	-0.058 (-0.441)	-0.044 (-0.329)	0.391 (0.725)	-0.233 (-0.422)	0.539 (1.015)
$\ln PPI$	3.057 (1.350)	2.173 (0.943)	0.303 (0.090)	2.817 (0.785)	3.182** (2.079)	1.061 (1.006)	-0.129 (-0.207)	0.017 (0.025)	0.085 (0.114)	-2.239 (-1.183)	-1.346 (-0.685)	-2.740 (-1.286)
$\ln PMI$	-1.829** (-1.800)	-2.173** (-2.943)	-0.007 (-0.099)	-0.004 (-0.196)	-0.014 (-1.251)	-3.812 (-1.662)	0.002 (0.257)	-0.003 (-0.380)	0.003 (0.436)	-0.025* (-1.711)	-0.020* (-1.587)	-0.026 (-1.943)
$\ln TAX$	1.829**	1.624*	0.662	19.748	6.6224	-0.029	0.639	-0.287	-1.014	5.543	-33.750	-7.650

续上表

变量	(1) 广州、深圳、东莞、佛山			(2) 广州、深圳			(3) 东莞、佛山			(4) 江门、中山、惠州、肇庆、珠海		
	(2.281)	(1.870)	(0.751)	(0.687)	(0.4362)	(−3.835)	(0.119)	(−0.047)	(−0.149)	(0.286)	(−1.822)	(−0.335)
C	8.629	6.100	0.012	0.418	−1.5822	140.02*	0.375	0.232	−0.374	10.537	12.754*	12.100
	(1.328)	(0.924)	(0.001)	(0.040)	(−0.2345)	(2.448)	(0.128)	(0.071)	(−0.103)	(1.532)	(1.734)	(1.295)
R-squared	0.355	0.339	1.132	0.537	0.475	−0.235	0.008	0.012	0.015	0.126	0.249	0.133
Adjust R-squared	0.306	0.284	1.299	0.206	0.056	−0.650	−0.028	−0.026	−0.027	−0.015	0.120	−0.028
F-statistic	7.241	6.150	0.892	1.623	0.566	0.012	0.220	0.318	0.348	0.892	1.927	0.826
Durbin-Watson statistic	1.423	1.595	2.351	1.404	1.964	2.249	2.067	2.083	2.190	2.353	2.160	2.354

注：括号内数字为 t 检验值，***、**、* 分别表示系数 t 统计值在 1%、5%、10% 的水平上通过显著性检验。

四、结论及建议

（一）主要结论

本书基于 2003—2019 年珠三角面板数据，分析了城市和行业的信息传播或数字鸿沟对本土企业和外商直接投资企业之间的互动机制影响。首先，行业及地区的信息环境对本土企业与外商直接投资企业的互动机制存在相关性，在不同的信息背景下，数字鸿沟对两类企业互动机制的影响存在异质性；其次，在数字鸿沟较大的行业或地区，如珠三角的中山、惠州，信息传播较弱，技术落后且具有学习意愿的本土企业与存在市场占有意愿的外商直接投资企业具有合作的动机，但两者过大的技术差距会弱化双方的合作程度，地方政府的市场保护加强了这种割裂效应，这种合作动机与割裂效应综合起来，导致数字鸿沟与内外资合作机制之间存在负相关关系；最后，在信息传播通畅的行业或城市如餐饮、金融行业或广州、深圳地区等，数字鸿沟与内外资的互动机制的关系表现为正相关。一方面，高信息传播环境增加了地方割据的难度，本土企业与 FDI 企业的互动合作相对频繁；另一方面，外资担心竞争力受到挑战，这种忧虑会弱化互动程度，综合两种力量的表现呈现正相关关系。

（二）政策建议

第一，相关政府部门应根据两类企业互动关系的异质性，采取不同举措区别处理内外资关系。推进珠江口岸本土企业与 FDI 企业的联动，建立互动合作管理机制，可以有效跨越市场内的数字鸿沟，为本土企业和 FDI 企业的互动合作提供良好平台。FDI 企业的市场进入可能会加剧行业内竞争，甚至导致本土企业的退出，但同时，FDI 企业通过与上下游产业企业关联，为本土企业创造了新的市场空间，而且在 FDI 企业进入的市场，本土企业能利用外资溢出效应来降低企业经营风险。珠三角应适当解除部分地方保护举措，允许部分外资进入，所谓竞合相长，就是在竞争中成长，有效提高本土企业的国际化竞争能力、国际化视野，通过生产效率、管理能力的提高创造企业价值，凭借内外资的互动机制建立及竞合力量的布局，珠三角将有机会成为中国或世界数字创新中心。

第二，在高数字信息传播的城市和行业，注意防范及平衡外资竞争力下降和外资撤离带来的经济影响。因珠三角有独特的区位优势，较多外资金融机构入驻带来新的金融合作机遇。相关政府部门应进行社会信用平台构建，包括数字化信用系统，建立珠三角大数据中心，发展数字文化产业和创意文化产业，引进国际优质企业落户珠三角市场。在积极引进的同时，也要认识到 FDI 企业的撤离存在适度性及合理性，如珠三角地区过去几年来低技术含量行业、劳动力密集型行业发生外资撤离，那段时间是地区进行结构转型及优化的阵痛期。相关政府部门应引导产业部门积极面对转型阵痛，打造数字经济发展试验区，推广珠三角的科技创新应用，把握经济转型的步伐和节奏。广州、深圳之间建设复合型交通走廊，用于聚集穗莞深的差异化创新资源，打造一个空间联结、产业联动、功能融合的创新经济带。

第三，在数字信息传播较弱的地区及行业，当地政府应重视跨越当地的数字鸿沟，构建数字平台，建设珠三角的统计体系，且数据共享。在惠州、江门、肇庆，尤其是其下辖县城等地区，数字信息传播相对落后，技术溢出效应也由于内外资之间的技术鸿沟阻碍了进程，对此，珠三角应采取政策提高各企业间人力要素流动、发展基础设施、加强公共服务。广深地区辐射周边低信息传播地区，充分借道"互联网＋""5G 建设"等信息化战略项目的路径，促进示范市场的推广效应，使先进知识要素快速扩散，缩小两者的数字鸿沟。

本章小结

本章基于信息传播的维度，分别收集数据进行了实证研究，结论如下。

数字鸿沟与外资变动的相关性：基于 2003—2020 年的地区和行业面板数据，从技术信息传播的角度，对外资撤离现象进行分析。实证结果表明，从总体上看，两者的关系并非简单的线性相关，存在混合效应，需要区分地区和行业进行讨论。在信息传播环境便捷条件下，数字鸿沟与外资撤离负相关，在信息传播较为困难的地区和行业，数字鸿沟与外资撤离正相关。

数字鸿沟与内外资互动的相关性：第一，地区和行业的数字信息环境与内外资企业的互动合作存在显著的相关关系，数字鸿沟在不同的信息传播环境下对内外资企业互动合作产生不同的影响，这种影响具有地区和行业上的异质性；第二，在数字鸿沟较大的行业或地区，即低数字信息传播环境，一方面，由于落后的内资企业和逐利的外资企业具有动机和意愿进行互动合作，另一方面，由于内外资企业的竞争优势差距过大弱化了两者的合作，并且地方保护加剧了这种弱化效应。结果显示，数字鸿沟与内外资企业互动合作存在显著负相关关系。第三，在数字鸿沟较小的行业或地区，即高数字信息传播环境，数字鸿沟与内外资企业互动合作存在正相关关系。这表明高数字信息环境虽然提高了地方保护机会成本使企业互动合作增加，但在这种高数字信息环境下外资企业竞争力的降低不利于内外资企业之间的合作，两种力量对比后，数字鸿沟与内外资企业互动合作最终呈正相关关系。

第五章　基于契约合作维度的珠三角 FDI 企业与本土企业互动的实证分析

　　本章基于契约合作的维度，将 FDI 企业与本土企业在市场终端的互动合作关系影响因素归纳为两大类别——示范效应和联结效应，实证分析了当 FDI 企业与本土企业在市场终端的互动关系产生时，基于契约合作维度的影响因素与企业合作程度之间的相关性，并在此基础上得出结论和建议。

第一节　内外资企业合作程度的影响因素

一、合作程度概述

　　企业在商业活动中拥有多种合作关系，合作关系能使企业获得其他企业资产的进入权（access），并和其关系伙伴共享资源。Xu（1999）为量化合作与竞争的特征，提出合作程度（cooperative degree）的概念，重点通过两两竞争的典型情况来研究合作度和竞争者主观因素之间的关系，研究认为合作行动的频率可以充当刻画合作竞争情况的指标。FDI 企业作为工业经济标准化生产时代的产物，有必要就其与珠三角本土企业在市场终端的合作程度的影响因素进行分类分析。关于 FDI 企业与当地市场的本土企业的契约合作，现有文献有充分的分析，影响变量也不胜枚举，本书从以下两类效应因素对 FDI 企业与本土企业的契约合作进行分析。研究思路如图 5 - 1 所示。

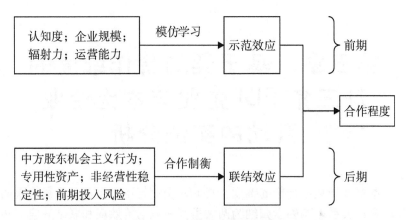

图 5 - 1　合作程度影响因素

资料来源：笔者根据 FDI 企业与本土企业合作度思路绘制。

（1）示范效应因素与合作程度的关系。示范效应（demonstration effect）指 FDI 的流入会带来新的生产技术和组织管理经验，这些技术及管理方法形成示范，东道国企业可以通过学习、模仿提高自身的生产率（Caves，1974）。示范效应与竞争效应属于水平溢出（horizontal spillovers），也称为行业内溢出效应（inter-industry spillovers）（杨红丽、陈钊，2015）。这种为投资带来示范效应和被学习模仿作用的契约合作，无论对 FDI 企业投资当地市场，还是对东道国企业迎接外来投资都具有积极作用。

示范效应的传递效率给予企业品牌良好的认知平台，马杰、唐守国（2001）认为当示范信息不能全面有效地传递、使接收者有效接收时，则示范信息必然无效，地理位置越远、文化差异越大、信息媒体越欠发达，示范信息传递效率越低，而其品牌溢出效应也会随传递效率发生变化。外商直接投资企业与当地企业的契约合作，很大程度上会因为与其合作的当地企业的认知度、企业规模、营运能力和辐射力这些与企业生产经营活动密切相关的因素不同而产生合作程度的差异。

（2）联结效应与合作程度的关系。联结效应（linkage effect）是指众多的市场单位联结成网络结构，建立竞争合作关系，共享资源，协同发展，创造规模经济、专业化分工等经济效应。联结经济（王立平、吕民乐，2005）的主要特征是不仅包括投入方面的共通生产要素转用的无成本或低成本，而且包括产出方面的多个组织、主体相结合所创造的乘数效应。与示范效应发生在合作前期阶段不同的是，联结效应常用于研究 FDI 企业与本土企业的契约合作后期阶段，尤其专用性资产和资金投入后两者的合作关系。专用性资产、中方股东机会主义行为、非经营性稳定性和前期投入风险，反映 FDI 企业与本土企业在契约合作后期的合作关系和利益制衡，把 FDI 企业与本土企业的商业关系、伦理关系、信任关系紧密联合在一起。

有学者认为外商直接投资与珠三角市场形成互动，这种合作关系可以保护 FDI 企业资金安全、帮助 FDI 企业充分利用资源以及抵抗风险。另外，联盟可以协助获取市场规模能量。契约合作使松散的组织形成资源互换的联合体，增强其在市场上的经济联结效应。

资产专用性指用于特定用途后被锁定，难以进行转移作其他性质的资产，否则价值会降低。FDI 企业面临投资前期示范效应与投资后期联结效应的博弈，当企业的专用性资产转移用途的成本偏高时，资产所有者就有可能受到对方的"绑架"，被"要挟"以新的更低价格提供服务，这种签约后的违约敲诈行为又被称为缔约后机会主义行为（唐晓华、王丹，2005），中方股东的机会主义行为是联结效应里 FDI 企业关注的核心因素。合资企业不断出现机会主义行为，大量的合资企业解体或被外资控股甚至被收购成为独资企业，对机会主义行为的研究将揭示跨国企业选择机会主义行为的根本原因，使我国企业能有针对性地采取一定的防范措施，尽可能避免由此造成的损失和争取更大的收益，以促进本土企业更好地发展（陈学梅 等，2009）。关于外商直接投资与本土企业的契约合作，在行业经济集群中，越来越多的企业通过合作营销实现规模和范围经济以增强企业竞争力并开拓新市场，由于目前对合作程度的研究尚处于初级阶段，信息不对称、合同不完备与依赖不对称是诱导契约合作中机会主义行为的主要因素，有效地解决 FDI 与中方股东之间机会主义行为的治理问题是双方增强合作程度的保证之一。

机会主义行为与非经营性稳定性构成了前期投资回收风险的两个方面，文献发现信任关系（trust relationship）被普遍提及，基本观点是信任可加固组织间联系纽带，而强有力的组织纽带则可促使合作企业充分利用各项资源和核心能力，更好地发挥联结效应，这些纽带联系使外来资金的前期投资在机会主义和稳定性之间达到平衡。当地市场终端企业的稳定性是资金风险的客观原因，之所以提及非经营性稳定性，是为了区别前文提及的营运能力因素。非经营性稳定性来源于非市场经营的因素，如工商部门对当地企业的稽查，对于快速消费品行业而言，包括酒类现饮场所，由于涉及相对不规范的传统渠道、娱乐渠道的市场终端企业，其稳定性会较多受到市场经营状况以外的因素影响。

合作程度在经济学领域不是一个新概念，但把众多复杂的影响因素归类为示范效应和联结效应两大类并进行阐述却比较新颖，本书按照合作前后期发展阶段和合作效应进行研究，可以为现有研究领域带来直观而且简化的判断方法。本书分析示范效应和联结效应两类因素与企业合作程度的关系，并从 FDI 企业数据库的案例收集数据予以验证，得出基于示范效应和联结效应的模型，为 FDI 企业与本土企业的合作程度提供不同视角的判断方法和决策方法。

二、理论假设

根据现有文献，我们可以把 FDI 企业对合作程度的考虑因素归纳为示范效应和联结效应两大方面。现有文献阐述了合作的前期与后期、形象表现与合作捆绑的整体分析的必要性，FDI 企业为在当地市场建立认知度，即为打造合作企业的认知度而投入更大的合作资金，力争取得辐射周边市场的效果，从而获得更大的示范效应。基于此，本书提出如下假设。

假设 1：本土企业的认知度通过示范效应正向影响与 FDI 企业的合作程度。

示范效应反映企业的形象构建和辐射影响力并产生品牌溢出效应，是 FDI 企业进入当地市场重点关注的效应。跨国企业期望在珠三角的市场终端树立形象、建立行业认知，从而形成长期的辐射影响。跨国企业关注其在行业内的形象性，而不是短期盈利，就长期经营需要来说，知名度越高的市场终端合作伙伴，双方合作和履行条约的频率越高。FDI 企业与本土企业的契约合作阶段可分为前期和后期两个阶段。前期阶段 FDI 企业考量当地市场合作企业的示范效应，合作后期的考虑因素是前期投入资金的回收、专用性资产捆绑、中方股东的机会主义行为和非经营性稳定性。在联结效应里，在合作前期机会主义因素相对难以甄别，在合作后期，FDI 企业与本土企业信任关系被削弱。有学者认为企业间牢固的信任关系对实现更佳的任务协作极为重要，因为信任关系可以降低机会主义行为的发生几率。联结效应反映双方合作的稳定性程度，在信息不对称的条件下，中方股东机会主义诱因越大，越有动机隐瞒 FDI 企业方诸如历史不良记录以及在合作过程中的合同外牟利、单方终止履行、条款执行不充分等情况。基于此，本书得出假设如下。

假设 2：本土企业的机会主义行为通过联结效应负向影响与 FDI 企业的合作程度。

交易成本理论认为，专用性资产投资会使交易方产生事后的机会主义动机，通俗地说是"敲竹杠"行为。机会主义行为与非经营性稳定性构成了投资前期回收风险的两个方面，外资合作投入的程度与预期的风险有关，基于风险的增加，合作后期外商投资的态度和合作意愿趋向保守。专用性资产和前期资金投入在合作启动后被锁定难以转移他用，除了日常的商业经营，非经营性稳定性使双方的合作增加了变数，如当地市场的政府政策带来的变数，这些因素促使双方更加具有动机遵守既定的契约合作条款。具有较强示范效应、联结效应的企业议价能力强，随着对 FDI 企业的投资要求增加和首付投资回收时间的延长，FDI 企业的前期投入风险增加。基于此，本书出以下假设 3。

假设 3：联结效应的其他三个因素中，专用性资产、非经营性稳定性与合作程度正相关，前期投入风险因素与合作程度负相关。

第二节 实证分析

一、研究设计

陶青和仲伟俊（2002）将企业的资源与收益进行分析，建立了各种资源与各种收益之间的关系。用对契约合作的投入代表合作的程度，建立了动态博弈模型，分析了企业在各阶段的投入对其收益的影响。本书引用其关于合作程度 COO 的定义作为被解释变量，并进行测量、建立方程。

$$COO = \beta_0 + \beta_1 demon + \beta_2 link + \varepsilon \qquad (1)$$

其中，β_0 是截距项，ε 是随机误差项。

合作程度的示范效应模型：

$$demon = \beta_{10} + \beta_{11} area + \beta_{12} flow + \beta_{13} turn + \beta_{14} cogn + \varepsilon_{12} \qquad (2)$$

合作程度的联结效应模型：

$$Link = \beta_{20} + \beta_{21} invest + \beta_{22} pol + \beta_{23} opport + \beta_{24} time + \varepsilon_{22} \qquad (3)$$

其中，$opport$ 表示中方股东机会主义行为，在终端场所建立初期或改签约时，由于建造成本和经营转向的需要，中方股东需要资金注入，有动机对作为投资方的 FDI 企业隐瞒信息如隐瞒终端场所的经营状况、虚报营业额、虚构财务报表，有动机不准时结算供货商款项，前期资金投入后履行合约的完成度低等，合作程度以过去五年以来中方股东违约涉及金额、拖欠经销商结款金额与合作总额度的对比来测量变量。把方程（2）及方程（3）代入方程（1），两边取对数，得方程如下。

$$COO = \beta_0 + \beta_{11} \ln area + \beta_{12} \ln flow + \beta_{13} \ln turn + \beta_{14} \ln cogn +$$
$$\beta_{21} \ln invest + \beta_{22} \ln pol + \beta_{23} \ln opport + \beta_{24} \ln time + \varepsilon \qquad (4)$$

二、数据来源与描述

本书采用快速消费品行业的市场终端样本进行调研，FDI 在快速消费品行业的进入障碍少，其产品的流转速度快、大众消费等特征，影响了 FDI 企业与本土企业的合作模式。本次调研的是嘉士伯啤酒广东分公司、可口可乐饮料广东分公司和其在珠三角的市场终端企业，两家外资企业的市场份额分别在各自的快消品领域位居广东省前三，具有各自子行业的代表性市场特征，这两家外资企业在广东市场与众多的本土终端企业产生合作关系。245 个终端样本的数据来自两家外资企业及相关联企业的 2020 年数据库，认知度以媒体广告行业通用的每百人品牌认知人数进行度量，从尼尔森调查公司 2020 年调查报告中获取数据。合作市场终端企业的经营面积、客流量、营业额、合作企业中投入金额、合同总金额及产品出厂价格取自两家企业数据库；中方股东机会主义行为中，经销商货款结算周期、合同违约金额来自嘉士伯及可口可乐公司的经销商评估系统数据库。固定资产投资额、前期资金回收时间、合作企业停业及经营时间等数据取自两家外资企业官网公布的年报。

模型中各主要变量的描述性统计见表 5–1，合计 245 个市场终端样本包括 113 家现代渠道企业，132 家传统渠道企业，对于营业额、客流量、停业率的部分数据缺失，本书采用均值替换法插补缺失数据。我们考察了各解释变量与主要解释变量的相关度，Pearson 相关系数矩阵表明它们之间不存在高度的相关性，控制变量与核心解释变量的相关系数在可接受的范围之内，不至于对实证检验产生影响。我们采取分层抽样的方法，把数据按照传统渠道和现代渠道进行分类抽样。其中，传统渠道包括小型零售店和批发商，资金小额流转、快速，商品价格的透明度高，信息沟通充分，经济依赖度强，联结效应较强；现代渠道包括大卖场、商超、便利店等，以中央物流配送为主，资金占用额大、结款期长，示范效应强，人流量大，且消费相对高端，对 FDI 企业具有战略性吸引力。各变量的测量方法见表 5–2。

表 5 - 1　主要变量的描述性统计

VAR	COO	area	flow	turn	cogn	invest	pol	opport	time
NO	245	245	245	234	222	245	224	235	245
Average	67.311	1941.55	189.324	1255.08	64.974	895.489	20.444	21.333	108.092
Std	19.388	2242.70	146.000	1067.13	23.689	774.192	15.341	14.275	126.883
Max	99	15000	720	4896	100	3113	60	60	700
Min	0	200	20.8	70	0.85	15	5	0	0

表5-2 变量列表

变量构念	单位	解释变量及测量方法
合作程度 COO	%	投入金额/合同总金额＝（单位产品投入费用×实际销量＋市场推广费用）/（原出厂商价格×合同销量）
认知度（cogn）	个	每百人认知 FDI 企业产品的人数
企业规模（area）	平方米	终端企业的经营面积
辐射力（flow）	人/小时	终端企业的客流量
运营能力（turn）	千元	终端企业的营业额
前期投入风险（time）	日	前期资金回收时间，FDI 企业对当地市场终端企业投入合作后的预付资金达到盈亏平衡点的时间
专用性资产（invest）	万元	终端企业的固定资产投资额
非经营性稳定性（pol）	%	非经营因素导致经营不稳定的状况，过去 5 年当地工商政法机构稽查导致企业的停业率
中方股东机会主义行为（opport）	%	（当地市场终端企业签约方违约条款金额×50%＋逾期结算经销商货款金额×50%）/（合同总金额×50%＋经销商总货款×50%）

三、实证检验与分析

表5-3 报告了实证方程两个渠道的分析回归结果。基于示范效应因素，在传统和现代渠道认知度的系数都在1%的水平上通过显著性检验，系数分别为 0.642、1.415，显著正相关，说明认知度的提高有利于合作程度的提高，品牌溢出效应使双方建立更加良好的合作基础。在传统渠道中，中方股东机会主义行为的系数为 -0.113，在5%的水平上通过显著性检验，说明当其他条件不变时，中方股东的机会主义行为增加将会使合作程度降低。在现代渠道中，中方股东机会主义变量在1%的水平上通过显著性检验，系数为 -0.359，其弹

性系数的绝对值大于 0.113，表明现代渠道中方股东机会主义行为的影响大于传统渠道中方股东机会主义行为对合作程度的影响，其机会主义行为可能性越高，越让投资的外商合作方感觉到合作伙伴缺乏信任基础，双方合作意愿和合作履行度偏低。在传统渠道中，运营能力系数为 0.354，在 1% 的水平上通过显著性检验，现代渠道运营能力系数为 0.038，在 5% 的水平上通过显著性检验，表明其示范效应因素里的经营规模变量与合作程度正相关。联结效应因素里代表风险因素的前期资金回收时间与合作程度显著负相关，该系数在传统渠道为 -0.111，在现代渠道为 -0.008，均在 1% 的水平上通过显著性检验。这表明与现代渠道相比，传统渠道经营规模较小，稳定性更差，对资金回笼的要求高，前期投入的资金回收时间越长则合作的可能性越低。尤其在快速消费品行业，传统渠道由于规模小、运营能力弱，相对不规范，经营的娱乐型场所的市场终端甚至具有安全隐患，受到当地政府稽查的影响尤甚，需要在终端企业的不稳定性来临之前，保证盈利总额大于前期投资额。

表 5 - 3　FDI 企业的示范效应和联结效应因素对合作程度的影响

变量	传统渠道	现代渠道
ln *cogn*	0.642 *** (3.289)	1.415 *** (5.864)
ln *area*	0.096 (0.933)	0.103 (0.498)
ln *flow*	-0.199 * (-1.769)	-0.071 (-0.495)
ln *time*	-0.111 *** (-3.072)	-0.008 *** (-3.201)
ln *turn*	0.354 *** (2.825)	0.038 ** (2.289)

续上表

变量	传统渠道	现代渠道
ln *opport*	− 0. 113 ** (− 1. 996)	− 0. 359 *** (− 3. 486)
ln *invest*	0. 306 ** (2. 368)	0. 106 ** (2. 070)
ln *pol*	0. 039 (0. 549)	0. 041 (0. 410)
C	0. 935 *** (2. 812)	0. 095 (0. 869)
R-squared	0. 851	0. 900
Adjust R-squared	0. 732	0. 827
F-statistic	7. 150	12. 407
Durbin-Watson statistic	1. 721	2. 067

注：括号内为 *t* 值，***、**、* 分别代表在 1%、5%、10% 的水平上显著。

　　观察示范效应的其他变量，代表辐射力的终端客流量在传统渠道和现代渠道的系数分别为 − 0. 199 和 − 0. 071，辐射力是以进出终端场所的总客流人数计算度量，但示范效应的提高不能仅被简单视为总人数的提高，其中的优质 VIP 客户又叫意见领袖，这部分客户的职位、收入、年龄和访问频率都达到终端企业的较高标准，符合示范效应的传播要求，给 FDI 企业带来辐射力。大多数的高端优质 VIP 客户、意见领袖数量大但客流量总人数并不一定多，FDI 企业视其为优质终端客户且有提高合作的意愿。非经营性稳定性系数为正，说明政策越稳定，双方合作程度越高。

本章小结

　　本章基于契约合作的维度，分别收集数据进行了实证研究，结论如下。

　　内外资合作程度的影响因素：FDI 企业在选择本土合作伙伴时，关注合作前阶段的示范效应因素，并把联结效应因素置于合作的后期阶段进行考量。本土企业为获得投资，不断致力于自身示范效应和联结效应因素的提高；FDI 企业为在东道国市场获得市场份额和长线投资回报，将示范效应相关因素作为其选择投资的首要考虑因素，认知度是示范效应里的核心影响因素，良好的企业认知度对 FDI 企业具有吸引力，会增加其合作意愿及程度。合作的后期，企业注重合作的联结效应，良好的联结效应意味着稳定的合作延续。检验结果显示：认知度与合作程度正相关，中方股东机会主义行为与合作程度负相关，专用性资产与合作程度正相关，前期投入风险即前期资金回收时间与合作程度负相关。

第六章 主要结论和政策建议

本书从分析我国 FDI 企业与本土企业发展现状出发，基于信息传播和契约合作的维度，对 FDI 企业与本土企业的互动关系和互动机制进行研究。指出既存在 FDI 企业对本土企业的作用和影响，又存在本土企业对 FDI 企业的逆向作用和影响。增强企业与企业之间、企业与环境之间的互动，可以推动内外资企业的发展。本书详细阐述了珠三角 FDI 企业与本土企业的互动机制，包括主体构成、动力条件、互动方式、经济效应等，着重对机制内部各主体的作用影响的传递路径予以分析，并以知名跨国公司可口可乐及嘉士伯为例进行分析。由于研究 FDI 企业与本土企业的互动机制的文献不多，基于信息传播与契约合作的维度的研究较空白，笔者的能力有限，本书尚存在不少缺陷，有许多方面仍有进一步展开研究的空间。

第一节 主要结论

本书主要探讨珠三角 FDI 企业与本土企业的互动关系，以期得出两者发展及促进两者良性互动的路径。通过本书各章节的研究得出以下结论。

第一，FDI 企业与本土企业存在多路径的互动关系。FDI 企业与本土企业相互作用的路径分别为：基于信息维度的模仿学习、技术溢出、创新扩散、区位选择、产业集聚；本土企业通过模仿学习 FDI 企业的先进技术、管理知识，可以提高竞争能力，缩短与 FDI 企业的竞争能力差距。而本土企业在后期具备技术优势后，结合本土市场经验，可以对 FDI 企业进行逆向的溢出、知识传播。基于契约合作维度的区位选择、产业集聚、资本互补、竞合关系，FDI 企业的区位选择受到珠三角市场本土企业集群的影响，同时本土企业对 FDI 企业也会产生资本互补，竞合为两者提供了一种创造价值的共同目标的合作模式。

第二，基于信息传播和契约合作的维度进行分类，FDI 企业与本土企业的互动关系模式可以划分为四个象限，每个象限都有各自特点，针对每一个互动关系模式，本书在对策部分进行了分析。FDI 企业将重要决策和管理部门设在国外，为减少决策和管理过程中存在的不确定因素，需要东道国当地提供相关信息，并利用资金、人力和物流等资源进行供应链体系的优化。FDI 企业的区位选择更倾向于具有大量的、多样化的信息源，即东道国信息环境较好的地区，如城市中心、沿海城市、外资集聚城市。因此，FDI 企业的良好运行依赖于东道国本地的支持以及与本土企业群的合作互动。另外，FDI 企业对东道国城市也具有明显的外部影响。FDI 企业为了优化供应链和产业链，获取东道国中心城市战略资源的比较优势，将国内分支机构设在东道国中心城市，而一旦出现众多不同的 FDI 企业在某个区域中心城市的聚集，促进经济增长的价值链集群就可以逐渐形成。

第三，借助翔实的统计资料，以数据说明问题，基于信息传播维度和契约合作维度设计了三个实证模型，对内外资互动关系进行检验。关于数字鸿沟与外资变动的相关性、数字鸿沟与内外资互动的相关性、内外资合作程度的影响因素的结论如下。

（1）数字鸿沟与外资变动的相关性：从总体上看，两者的关系并非简单的线性相关，存在混合效应，需要区分地区和行业进行讨论。信息传播环境便捷条件下，数字鸿沟与外资撤离负相关；在信息传播较为困难的地区和行业，数字鸿沟与外资撤离正相关。

（2）数字鸿沟与内外资互动的相关性：第一，地区和行业的数字信息环境与内外资企业互动合作之间存在显著的相关关系，数字鸿沟在不同的信息传播环境下对内外资企业互动合作产生不同的影响，这种影响具有地区和行业上的异质性；第二，在数字鸿沟较大的行业或地区，即低数字信息传播环境，一方面，由于落后的内资企业和逐利的外资企业具有动机和意愿进行互动合作，另一方面，由于内外资企业的竞争优势差距过大弱化了两者的合作，并且地方保护加剧了这种弱化效应。结果显示，数字鸿沟与内外资企业互动合作存在显著负相关关系。第三，在数字鸿沟较小的行业或地区，即高数字信息传播环境，数字鸿沟与内外资企业互动合作存在正相关关系。这表明高数字信息环境虽然提高了地方保护机会成本使企业互动合作增加，但在高数字信息环境下，外资企业竞争力的降低不利于内外资企业之间的合作，两种力量对比后，数字鸿沟与内外资企业互动合作最终呈正相关关系。

（3）内外资合作程度的影响因素：FDI 企业在选择本土合作伙伴时，关注合作前阶段的示范效应因素，并把联结效应因素置于合作的后期阶段进行考量。本土企业为获得投资，不断致力于自身示范效应和联结效应因素的提高；FDI 企业为在东道国市场获得市场份额和长线投资回报，将示范效应相关因素作为其选择投资的首要考虑因素，认知度是示范效应里的核心影响因素，良好的企业认知度对 FDI 企业具有吸引力，会增加其合作意愿及程度。合作的后期，企业注重合作的联结效应，良好的联结效应意味着稳定的合作延续。检验结果显示，认知度与合作程度正相关，中方股东机会主义行为与合作程度负相关，专用性资产与合作程度正相关，前期投入风险即前期资金回收时间与合作程度负相关。

第二节　政策建议

本书以信息传播与契约合作维度为轴，将 FDI 企业与本土企业的互动关系模式划分为四个象限，按照四个互动关系模式的特点，针对性地提出政策建议。政府部门要根据区域的内外资企业互动关系的异质性，采取不同措施区分对待内外资企业互动。

一、高合作低信息——改善信息传播环境

在象限 I 中，合作程度高，信息传播量低，信息不对称，协同效应强。合作双方遵守契约精神，注重契约条款的履行情况，但由于信息不对称，合作双方具有一定的从事机会主义行为的可能性。

首先，在低数字信息传播的地区和行业，政府应着力于弥合数字鸿沟，搭建信息平台。积极响应"互联网＋"等国家信息化项目的落地推进，促进内外资企业技术信息交流，利用信息传播程度的提高，加速示范效应的扩散，让先进技术、知识要素尽快扩散到落后的

内资企业，从而提高本土市场内资企业的技术水平。

其次，政府有必要为 FDI 企业和本土企业同时营造良好的数字信息化环境，建立强化本土企业竞争的信息支持服务体系。地区和行业仍存在较多的空白市场，提升本土企业的数字化能力和引进外资，抓紧机遇发展经济填补空白市场。政府的政策导向应将应对外资撤离和缩小数字鸿沟相结合，依据行业和地区的差异对本土企业和 FDI 企业区别对待。缩小数字鸿沟是我国当前信息项目建设上一项重大命题，坚持实施信息化带动工业化战略，提高地区和行业整体信息技术水平。加快国民信息化进程，鼓励在企业推行数字化管理的战略计划。把分散在不同企业、不同部门的"信息孤岛"整合联结，促进信息化系统改造升级，规划信息资源，并应用信息技术重构企业的核心业务。数字化管理的关键在于如何把信息处理系统与战略性管理进行有效联结，对财务系统、营销系统、信息管理系统进行综合运用。企业需要快速收集、理解和处理信息情报，并作出决策。借鉴国外的成功经验，如美国工业互联网与德国工业的做法，建设智能工厂，施行卓越制造，实现制造业服务化、专业化。贵州的大数据中心发展模式是西部技术落后地区跨越数字鸿沟和经济转型的一个很好的案例，2015年已有 200 多个大数据信息产业项目落户，贝格、富士康等大型外资企业，以及阿里、华为等本土企业进入贵州发展，不但减缓外商投资撤离的步伐，还有效拉高本土企业的信息技术水平。在城市中建立高效的信息传播及反馈系统，信息便捷的环境可以快速缩短本土企业与FDI 企业之间的信息差距和技术差距，并提高企业的吸收能力和竞争能力。

再次，内资企业的吸收能力和创新能力是双方良好互动的条件。在经济落后地区，内外资企业之间较大的技术差距会阻碍互动合作，政府采取政策提高企业之间人力资本交流、建设基础设施和提高公共服务水平，可以有效弥合或缩小内外资企业之间的数字鸿沟、经济鸿沟，为企业互动合作提供良好平台。虽然外资企业的进入加剧了行业内竞争，从而迫使同行业内资企业更快退出，但外资企业与当地企业构建上下游产业关联，也为内资企业创造了新的市场空间，同时有外资参与的国有企业能充分利用外资的正面溢出效应，有效降低生存风险。因此，当地政府不应过多忧虑外资的冲击，而应适当放松地方保护措施，保持一定比例的外资进入，这有助于提高当地内资企业的生存能力、生产效率，给内资企业创造新的市场空间。

二、高合作高信息——建设公共信息平台

象限Ⅱ中，合作程度高，遵守契约程度高，FDI企业与本土企业之间信息传播频率高，信息交流共享量大。在高合作高信息的互动关系模式下，企业的知识溢出效应强，既有FDI企业对本土企业的知识溢出，也有本土企业对FDI企业的有关本土市场操作经验、当地化设备使用知识等的逆向溢出。在此类互动关系模式中的企业竞争强度和竞争密度大，FDI企业与本土企业之间的协同机制较好。信息网络为知识流动提供有效载体，因为知识的影响可能随距离增加而衰减，地理距离有可能成为制约两类企业互动的因素，大力发展信息网络可以跨越地理距离。政产学研机构作为FDI企业与本土企业互动的外部影响因素，应充分调动其效用，构建FDI企业与本土企业信息传播与契约合作互动的平台。

首先，构建FDI企业与本土企业互动的桥梁。经过40多年的改革开放，珠三角的本土企业在商业市场上已经具备了一定的竞争能力，但仍有学习吸收高水平技术知识的需求，结合FDI企业进入及开拓珠三角市场的需要，两者各取所需，对互动提出现实需求，为两者的互动建立了基础。目前，FDI企业与本土企业的合作主要由当地的政府牵头，同时高校、科研机构以及企业的服务机构作为中介机构的角色，为FDI企业与本土企业互动关系的建立、互动的发展及所需要的信息传播发挥了重要作用。积极创造现代信息传播的条件，发挥政产学研作为中介机构的影响，可以多维度弥补企业信息能力和创新能力的不足。

其次，政府要制定政策促进FDI企业与本土企业互动。在制定政策时，要以有利于FDI企业以各种契约合作的方式与本土企业建立互动关系为目标，如合资、合作、并购、外包、联盟等，这种互动关系既包括横向的跨产业联系，也包括纵向的产业链上下游联系。以促进互动为目标的政策可以促进FDI企业的总部进行战略规划及全球性的资源配置，把国外重要资源转移到我国，通过示范效应和联结效应带

动本土企业进入产业关联。在国际项目中，政府可提供必要的前期资金支持，鼓励企业参与国际交流。

再次，在高数字信息传播的地区和行业，应注意防范及平衡外资竞争力下降和外资撤离带来的经济影响。对于技术密集型的内外资互动合作应予以更多的政策保护，如知识产权保护等。但也要意识到一定程度上的外资撤离，尤其发生在低技术含量的产业、劳动密集型的产业中的外资撤离，是珠三角经济结构转型优化的合理现象，政府需要采取政策合理把握当地经济转型的步伐和节奏。

最后，实施不同的开放政策，为提高企业的学习和吸收能力，鼓励企业多与国外具有创新实力的企业、科研机构进行交流、合作。同时，应加强本土的信息网络设施建设、提高行业信息能力，信息环境的改善有助于引进外资，但也要注意引进 FDI 企业是一把双刃剑，有好处也有风险，FDI 企业在一定程度上会带来负面效应，部分行业应采用分阶段逐步开放的政策，不能急进，而且这一开放政策的体系必须建立在严谨的理论逻辑及翔实统计数据的基础之上。

三、低合作高信息——完善契约制度环境

象限Ⅲ的 FDI 企业和本土企业，合作程度低，行业市场透明度高，两者之间的信息传播交流频繁，双方企业的信息可得性大。FDI 企业与本土企业的经营相对独立，几乎不产生契约合作关系，但存在广义上的竞合关系，即基于追求市场占有、获利等的某种合作关系。企业针对竞争对手或合作伙伴的优势特点也有意愿去学习和模仿，所在的行业具有一定的竞争程度，协同程度呈较低的态势。

加强对 FDI 企业地区总部的监督管理，深化对相关法律规范的研究，为企业建立有利于其参与市场竞争和自主创新研发的制度环境。建立相关契约法制环境，完善保护知识产权的法律法规，使 FDI 企业与本土企业对自身的创新成果更具安全感，并大胆将其投放于市场以创造价值。逐步建立支持创新的体系和风险承担的机制，进一步消除各种体制内部的机制性障碍，打破行业和市场垄断，创造各类企业参与公平竞争的良好氛围和环境。

完善契约法制环境，可以在 FDI 企业与本土企业的创新互动过程

中，减少双方的机会主义行为。信息的不对称存在于 FDI 企业与本土企业创新互动的过程中，信息不对称为互动双方的机会主义行为提供了可能性。建立完善的契约制度，使参与互动的双方企业由于担心违约的惩罚，或为获得履约奖励，约束自身行为，遵守契约相关条款或非契约的行业合作规范。完善的契约制度有助于企业克服信息不对称所引致的道德风险问题，契约法制本身会对互动合作伙伴施加一定程度的社会压力，从而增加了其履约执行的意愿、维持良好互动合作的动力。同时，契约制度的完善还有助于 FDI 企业与本土企业在互动中降低交易成本。在长期稳定的契约环境下，FDI 企业与本土企业之间会形成惯性伦理，减少机会主义行为和意愿，FDI 企业与本土企业间产生信任基础。

在市场经济体制环境中，来自市场的措施一般比单纯行政性的约束的作用更见效。过去我国习惯用政策推动的方法吸引 FDI 企业，这可以是一种原动力，在引进 FDI 企业的初期的确发挥出其引擎作用。随着市场经济的不断完善，市场机制发挥的效用越来越大。政府要做的就是创造公平有序的市场环境，让 FDI 企业和本土企业平等竞争与合作，相互促进学习，实现优势互补的双赢效应；同时，增加对国内本土企业和研发机构的支持，缩小其与 FDI 企业的差距，吸引 FDI 企业主动参与本地化的生产。此外，还需要意识到知识产权得不到保护将是 FDI 企业不愿选择与本土企业互动、不愿意把核心技术转移到当地的主要影响因素，只有一国知识产权法律完善，FDI 企业才敢于提高其在东道国的研发水平，放心地从事基础性研究和高层次的研发活动。因此，政府部门要统筹协调，通过完善契约法制、法律法规，创造良好的契约合作环境推动 FDI 企业和本土企业的创新互动。

四、低合作低信息——提升信息与合作互动效率

象限 IV 中，FDI 企业与本土企业的合作程度低，双方的主观合作意愿低，且缺乏信息交流互动，信息割裂，双方企业合作从事机会主义行为可能性较高。在这类互动关系模式中，以非正式的、小规模企业之间的合作为主，经营独立，协同效应差。因此，我们需要从增

加信息传播的便捷性、加强契约制度的执行效率入手制定对策。

第一，合作前期的调研评估。FDI 企业应基于示范效应和联结效应视角综合了解本土的合作终端，进行前期调查和评估。基于示范效应，FDI 企业应专注于考察当地的企业经营规模，从经销商或同行了解该企业的经营状况、市场潜力、资金规模；基于联结效应，应重点关注当地政府的政策法规、股东构成背景、资产资金背景等。投资相对规范化的现代渠道企业，这些企业具有正规牌照、证件齐全、遵守法规经营；契约条款绑定，增加对机会主义行为的负奖励捆绑；设立撤出机制；等等。

需要注意的是，在二、三线城市，当地政府对当地企业的影响力较大，基于联结效应因素需与资金关键人、当地政府关键人各方保持联系，才能使契约合作的履行更有保障。

第二，完善契约监督机制。合作程度低的 FDI 企业与本土企业，需要在履约阶段进行监督。该监督机制可分为两种方式：①FDI 企业与本土企业之间的相互监督。参与契约合作互动的双方本着互相学习、互相约束的合作原则，定期到合作伙伴的单位参观考察，结合不定期抽查，了解合作进度及契约的执行情况。②让无利害冲突关系的第三方介入监督。即委托专业的社会中介机构如咨询公司、会计师事务所对合作伙伴单位进行监督，专业的中介机构本着中立客观的立场、发挥专业技术的优势进行监督，以减少互动伙伴的机会主义行为。履约阶段的监督主要有两种作用，一种是履约阶段的监督可以就互动伙伴是否履行契约提供充分信息，降低双方信息不对称的程度；另一种是履约阶段的监督会产生激励与约束效应，促使双方自觉或被动地执行。

有了监督机制，也要有清晰的监督契约来使监督机制正规化。契约监督机制要产生作用必须有明确的契约监督条款作为执行的保障，仅仅是发现了机会主义行为而不采取约束措施同样无法起到契约执行监督的效果。当然，契约监督作为企业的机会主义行为治理机制将产生监督成本，主要包括发现机会主义行为的信息收集成本以及处理信息的成本。

第三，分散风险加强联结。这类互动关系由于信息不对称、合作程度低，机会主义行为的概率较大。需要对两者的互动环境进行改善。前文已经提及，在联结效应中，专用性资产难以撤离、本土企业的机会主义行为、非经营性不稳定性等都给合作带来不可预见的风险，为避免这些投资风险，可采用厂家与经销商等上下游企业纵向联结等方式，加强经营稳定性，分散或规避投资风险，使处于各种外部和内部变量影响的合作企业产生更强的市场抵御力。FDI 企业的投资决策将示范效应及联结效应因素作为考量，对于具有示范效应价值的企业和市场，FDI 企业应考虑更多的是长线投资带来的回报；对于具有联结效应的市场，FDI 企业应考虑更多的是如何控制契约合作的资产资金风险性。而对于其国际资金投入的利用，则应该结合两种效应类型的市场终端，长短线组合投资。

第四，加强以人才为载体的知识传播。由于双方企业处于竞争态势，经营独立，人员在企业之间流动，以人为载体的流动可以搭载知识要素进行传播，FDI 企业和本土企业互相产生溢出效应。

增强创新互动和智力支持，人才是知识的载体，人才是创新扩散和知识信息传播的源泉。珠三角拥有丰富的资源储备和人才储备，本土化人才对 FDI 企业来说是一种吸引，尤其是处于本土化阶段的 FDI 企业，更加需要当地的研发、生产和营销人员，借力带动 FDI 企业与本土企业之间的互动，优秀的人才是 FDI 企业进行技术再创新的基础。本土企业只有形成自身的自主创新能力，与 FDI 企业的技术差距不会过大，在相对平等的基础上，FDI 企业才会更愿意与本土企业擦出火花进行技术知识交流合作，实现多层次、深层次的互动。随着高等教育院校的高速发展，珠三角受高等教育的人才也快速增加，数量虽上来了，但质量仍有待拔高，即优秀的人才及高知识水平仍与国外存在一定的差距，因此，仍需要继续实施人才战略、重视人才培养。

首先，加大基础设施建设投入。珠三角人口众多，经济总量大，但比起发达国家，珠三角的人均公共教育投入还较少，在基础教育领域方面的问题尤其突出，因此，需要加大基础设施建设投入力度，弥补及跨越差距。

其次，重点培养专业性人才。有了受教育的人数"多"的基础，我们应该注意"精"的培养。精英人才的专业性和适应力强，能快速进入本土企业和 FDI 企业的管理体系，包括本土研发机构的创新体系。因此，应实行政府与企业联合办学和研发的机制，针对性培养企业所需的专业水平、创新水平、适应能力强的本土化人才。

最后，积极引进国外人才。FDI 企业专业技术人员的引进可以带来很多国外先进的知识信息。我国政府、企业及高校近几年实施多种举措引进国外专才，如"高端外国专家引进计划"等政策，不但有效加强了 FDI 企业的全球人力资源向珠三角本土企业的流动，还加强了本土企业与 FDI 企业的技术互动和信息交流。现代信息技术工具为双方知识交流提供了更多的现实条件，网络化的人才培养模式如在线培训、网络交流等以及云端数据管理帮助本土企业迅速学习吸收 FDI 企业的先进技术知识，用于改造珠三角传统企业及调整珠三角当地区域的产业结构。应抓住市场机遇建设本土企业，扩大产业规模，缩小与 FDI 企业在管理制度、知识技术及规模等方面的差距。最终，引进人才的本土企业的发展也可以促进 FDI 企业在当地的发展，从而有效促进 FDI 企业与本土企业的互动。

参考文献

毕克新，马慧子，黄平. 制造业企业信息化与工艺创新互动关系影响因素研究 [J]. 中国软科学，2012 (10).

科特，哈默. 未来的战略 [M]. 成都：四川人民出版社，2000.

波特. 国家竞争优势 [M]. 北京：华夏出版社，2002.

蔡淑琴，梁静. 供应链协同与信息共享的关联研究 [J]. 管理学报，2007，4 (2).

陈广汉，刘洋. 从"前店后厂"到粤港澳大湾区 [J]. 国际经贸探索，2018，34 (11).

陈继勇，范跃民，孙博文. 数字鸿沟是否弱化了内外资企业的互动合作 [J]. 宏观经济研究，2017 (1).

陈继勇，黄蔚. 外商直接投资区位选择行为及影响因素研究 [J]. 世界经济研究，2009 (6).

陈继勇，雷欣，黄开琢. 知识溢出、自主创新能力与外商直接投资 [J]. 管理世界，2010 (7).

陈涛涛，陈娇. 行业增长因素与我国 FDI 行业内溢出效应 [J]. 经济研究，2006，41 (6).

陈筱芳. 跨国公司与中国民族工业互动发展实证分析 [J]. 世界经济与政治论坛，2001 (5).

陈学梅，孟卫东，胡大江. 国际合资企业中机会主义行为的演化博弈 [J]. 系统工程理论与实践，2009，29 (2).

陈艳萍，王守茂，高璇，等. 企业如何走出"数字鸿沟" [J]. 现代管理科学，2004 (8).

陈羽. 市场竞争与外商直接投资技术转移——来自中国制造业的证据 [J]. 财经研究，2005，31 (10).

陈志俊. 不完全契约理论前沿述评 [J]. 经济学动态，2000 (12).

楚天骄，杜德斌. 跨国公司研发机构与本土互动机制研究 [J]. 中国软科学，2006 (2).

代太山，陈敏，杨晓光. 不同担保类型之下违约损失率的结构特征：针对中国的实证 [J]. 南方经济，2008（8）.

单雪芹，侯文华. 内外资企业竞争状况与国家竞争优势的构建 [J]. 统计与决策，2007（17）.

范跃民，余一明，王保双. 数字鸿沟与外资撤离——基于信息密集行业地区的实证研究 [J]. 科技管理研究，2016，36（6）.

范跃民，余一明. 外商直接投资企业与本土企业的互动合作程度影响因素——基于快消品外资企业的市场终端分析 [J]. 广东财经大学学报，2016，31（6）.

范跃民. 在华外商直接投资企业与本土企业互动机制研究 [D]. 武汉：武汉大学，2016.

付敬，朱桂龙. 知识源化战略、吸收能力对企业创新绩效产出的影响研究 [J]. 科研管理，2014，35（3）.

付睿臣，毕克新. 企业信息能力到技术创新能力的传导机制研究 [J]. 科学学研究，2009（10）.

辜胜阻，曹冬梅，杨嵋. 构建粤港澳大湾区创新生态系统的战略思考 [J]. 中国软科学，2018（4）.

顾卫平. 管理跨国并购——基于契约和资源整合的模式 [D]. 上海：复旦大学，2004.

关涛，薛求知. 中国本土跨国企业组织结构优化设计框架 [J]. 科学学研究，2012（6）.

管涛. 建设市场化的国际收支调节机制 [J]. 中国金融，2014（18）.

韩萌. FDI 与东道国产业集群之间的相互影响 [J]. 合作经济与科技，2013（23）.

何洁. 外国直接投资对中国工业部门外溢效应的进一步精确量化 [J]. 世界经济，2000，23（12）.

何雄浪，张泽义. 国际进口贸易技术溢出效应、本国吸收能力与经济增长互动——理论及来自中国的证据 [J]. 世界经济研究，2014（11）.

贺灿飞，魏后凯. 信息成本、集聚经济与中国外商投资区位 [J]. 中国工业经济，2001（9）.

胡鞍钢，周绍杰. 中国如何应对日益扩大的"数字鸿沟" [J]. 中国工业经济，2002（3）.

胡彩梅. 知识溢出影响区域知识创新的机理及测度研究［D］. 长春：吉林大学，2013.

胡佛. 区域经济学导论［M］. 北京：商务印书馆，1990.

胡翼青. 传播的经济功能［J］. 江苏社会科学，1999（2）.

黄少安，韦倩. 合作与经济增长［J］. 经济研究，2011，46（8）.

季丹. 关于营造中国产业集群的一些思考［J］. 产业经济研究，2003（4）.

李东阳. 国际直接投资与经济发展［M］. 北京：经济科学出版社，2002.

李静，谢润德. 国外技术溢出冲击、区域贸易差距与经济可持续增长［J］. 科学学研究，2015（2）.

李磊，刘斌，郑昭阳，朱彤. 地区专业化能否提高我国的出口贸易技术复杂度？［J］. 世界经济研究，2012（6）.

李平. 传统产业集群式创新体系的建立［J］. 经济师，2012（5）.

李雪松，孙博文. 密度、距离、分割与区域市场一体化——来自长江经济带的实证［J］. 宏观经济研究，2015（6）.

李燕，韩伯棠，张庆普. FDI 溢出与区域技术差距的双门槛效应研究［J］. 科学学研究，2011（2）.

李玉梅，桑百川. FDI 与我国内资企业自主创新互动关系的实证分析［J］. 国际贸易问题，2011（2）.

刘胜，申明浩. 城市群融合发展能成为吸引外资进入的新动能吗——来自粤港澳大湾区的经验证据［J］. 国际经贸探索，2018，34（12）.

刘婷. 基于跨国公司的 FDI 与产业集群互动机制研究［D］. 北京：首都经济贸易大学，2007.

刘伟. 外资企业进入效应对内资企业技术创新的影响研究——以中国高技术产业为例［J］. 财经问题研究，2011（1）.

柳键，马士华. 供应链合作及其契约研究［J］. 管理工程学报，2004，18（1）.

娄策群. 技术创新扩散的创新技术信息传播机制［J］. 科技进步与对策，1999，16（5）.

陆妙燕. 试论我国内资与外资的互补机制［J］. 世界经济研究，2004（1）.

路江涌. 外商直接投资对内资企业效率的影响和渠道 [J]. 经济研究, 2008, 43 (6).

马杰, 唐守国. 示范效应与地区经济发展研究 [J]. 技术经济, 2001 (10).

马士华, 林勇, 陈志详. 供应链管理 [M]. 北京: 机械工业出版社, 2000.

马士华, 林勇. 供应链管理 (第 2 版) [M]. 北京: 机械工业出版社, 2005.

马歇尔. 经济学原理 [M]. 北京: 中国社会科学出版社, 2007.

潘松挺, 蔡宁. 网络关系强度与组织学习: 环境动态性的调节作用 [J]. 科学决策, 2010 (4).

潘文卿. 外商投资对中国工业部门的外溢效应: 基于面板数据的分析 [J]. 世界经济, 2003 (6).

潘文卿. 中国的区域关联与经济增长的空间溢出效应 [J]. 经济研究, 2012 (1).

彭杏雯, 姚庆国. 敏捷性要求下的跨国企业动态联盟模型分析 [J]. 财会月刊, 2008 (8).

亓朋, 许和连, 艾洪山. 外商直接投资企业对内资企业的溢出效应: 对中国制造业企业的实证研究 [J]. 管理世界, 2008 (4).

申香华. 银行风险识别、政府财政补贴与企业债务融资成本——基于沪深两市 2007—2012 年公司数据的实证检验 [J]. 财贸经济, 2014, 35 (9).

沈坤荣, 孙文杰. 市场竞争、技术溢出与内资企业 R&D 效率——基于行业层面的实证研究 [J]. 管理世界, 2009 (1).

沈能, 赵增耀, 周晶晶. 生产要素拥挤与最优集聚度识别——行业异质性的视角 [J]. 中国工业经济, 2014 (5).

盛丹, 王永进. 产业集聚、信贷资源配置效率与企业的融资成本——来自世界银行调查数据和中国工业企业数据的证据 [J]. 管理世界, 2013 (6).

盛丹, 王永进. 契约执行效率能够影响 FDI 的区位分布吗? [J]. 经济学, 2010, 9 (4).

施娟, 陈涛. 品牌市场表现对品牌 - 顾客关系质量的影响 [J]. 经济与管理评论，2013（2）.

宋勇超. 中国对外直接投资目的效果检验——以资源寻求型 OFDI 为视角［J］. 经济问题探索，2013（8）.

苏敬勤，崔淼. 企业家认知资源与管理创新决策：理论与案例实验［J］. 管理评论，2011（8）.

孙本芝，刘碧云. 行业内不对称地位的外资企业与内资企业的动态博弈及启示［J］. 国际贸易问题，2009，320（8）.

孙浦阳，韩帅，靳舒晶. 产业集聚对外商直接投资的影响分析——基于服务业与制造业的比较研究［J］. 数量经济技术经济研究，2012，29（9）.

谭前进，蔡增玉. 物联网对电子商务的影响研究［J］. 价值工程，2015，34（8）.

唐国纯. 环保云的体系结构及关键技术研究［J］. 软件，2014，35（1）.

唐晓华，王丹. 集群企业合作隐性契约的博弈分析［J］. 中国工业经济，2005（9）.

陶青，仲伟俊. 合作伙伴关系中合作程度对其收益的影响研究［J］. 管理工程学报，2002（1）.

田素华，杨烨超. FDI 进入中国区位变动的决定因素：基于 D-G 模型的经验研究［J］. 世界经济，2012，35（11）.

田巍，蒋侃. 基于供应链契约的供应链协调研究［J］. 商场现代化，2007（1）.

万幼清，王云云. 产业集群协同创新的企业竞合关系研究［J］. 管理世界，2014（8）.

汪文姣，戴荔珠，赵晓斌. 广东自贸区对粤港澳经济联系强度的影响效应评估——基于反事实分析法的研究［J］. 国际经贸探索，2019（11）.

王滨. FDI 技术溢出、技术进步与技术效率——基于中国制造业1999～2007 年面板数据的经验研究［J］. 数量经济技术经济研究，2010，27（2）.

王海云，王建华. 跨国公司技术溢出问题研究［J］. 中国科技论坛，2004（6）.

王海云. 技术溢出机理及效应分析［J］. 企业技术开发，2004（7）.

王浩. 跨国公司地区总部与东道国城市互动研究［D］. 上海：华东

师范大学，2007.

王缉慈，童昕. 论全球化背景下的地方产业群——地方竞争优势的源泉 [J]. 战略与管理，2001 (6).

王缉慈等. 创新的空间：企业集群与区域发展 [M]. 北京：北京大学出版社，2001.

王立平，吕民乐. 知识溢出的规模经济、范围经济与联结经济 [J]. 科学、经济、社会，2005，23 (4).

王念新，仲伟俊，梅姝娥. 信息技术战略价值及实现机制的实证研究 [J]. 管理科学学报，2011 (7).

王伟光，冯荣凯，尹博. 产业创新网络中核心企业控制力能够促进知识溢出吗？[J]. 管理世界，2015 (6).

王文峰. FDI 理论研究综述 [J]. 黑龙江对外经贸，2007 (1).

王夏阳. 契约激励、信息共享与供应链的动态协调 [J]. 管理世界，2005 (4).

王振中. 中国"三资企业"的工资收入及人力资源配置 [J]. 经济研究，1995 (9).

王志乐. 跨国公司在华投资新趋势 [J]. 中国外资，2003 (3).

威廉姆森，等. 制度、契约与组织：从新制度经济学角度的透视 [M]. 北京：经济科学出版社，2003.

韦伯. 工业区位论 [M]. 北京：商务印书馆，1997.

吴浜源，王亮. 发展中国家贸易条件对经济增长影响的实证研究 [J]. 国际贸易问题，2014 (3).

吴德胜，李维安. 非正式契约与正式契约交互关系研究——基于随机匹配博弈的分析 [J]. 管理科学学报，2010，13 (12).

吴德胜，李维安. 集体声誉、可置信承诺与契约执行——以网上拍卖中的卖家商盟为例 [J]. 经济研究，2009，44 (6).

吴剑峰，李自杰，武亚军. 竞争密度、合法性与外资企业生存——基于中关村高新技术园区的研究 [J]. 经济科学，2009 (5).

吴锦峰. 基于供应链管理的企业战略——零售连锁企业供应链管理战略研究 [J]. 商场现代化，2006 (36).

吴绍波，顾新，彭双. 知识链组织之间合作契约的功能 [J]. 情报杂志，2009 (5).

肖静华，谢康，冉佳森. 缺乏 IT 认知情境下企业如何进行 IT 规划——通过嵌入式行动研究实现战略匹配的过程和方法 [J]. 管理世界，2013 (6).

谢建国，赵锦春，林小娟. 不对称劳动参与、收入不平等与全球贸易失衡 [J]. 世界经济，2015，38 (9).

谢卫红，王田绘，王永健，等. 组织学习是 IT 能力影响技术创新的中介变量吗?——基于广东省战略性新兴产业的实证研究 [J]. 中国科技论坛，2013 (10).

熊彼特. 经济发展理论：对于利润、资本、信贷、利息和经济周期的考察 [M]. 北京：商务印书馆，1990.

熊晶晶，史本山. 外商直接投资的技术溢出机理研究 [J]. 商业研究，2006 (22).

徐康宁. 产业聚集形成的源泉 [M]. 北京：人民出版社，2006.

徐志春. 零售商风险厌恶情形下的契约协调 [J]. 管理学报，2013，10 (12).

徐最，朱文贵. 不对称信息下的供应链契约研究 [M]. 上海：上海交通大学出版社，2012.

许和连，亓朋，祝树金. 贸易开放度、人力资本与全要素生产率：基于中国省际面板数据的经验分析 [J]. 世界经济，2006，29 (12).

许和连，魏颖绮，赖明勇，等. 外商直接投资的后向链接溢出效应研究 [J]. 管理世界，2007 (4).

许晖，王琳，张阳. 国际新创企业的海外市场拓展与知识管理研究 [J]. 南开学报：哲学社会科学版，2015 (4).

许庆瑞，毛凯军. 试论企业集群形成的条件 [J]. 科研管理，2003 (1).

薛伟贤，刘骏. 中国城乡数字鸿沟对城市化进程的阻尼测度研究 [J]. 软科学，2014，28 (1).

严兵. 外商在华直接投资的溢出效应——基于产业层面的分析 [J]. 世界经济研究，2005 (3).

杨红丽，陈钊. 外商直接投资水平溢出的间接机制：基于上游供应商的研究 [J]. 世界经济，2015，38 (3).

杨家其. 供应链管理（21 世纪交通版）[M]. 北京：人民交通出版社，2006.

杨文胜，李莉. 基于响应时间的供应链契约协同分析 [J]. 系统工程学报，2006，21（1）.

杨秀文. 吸收能力与外资科技创新溢出的门槛特征分析 [J]. 科学学与科学技术管理，2011（3）.

叶飞，廖鹏，李怡娜. 随机弹性需求下供应链销售价格与提前期联合决策及协调机制 [J]. 运筹与管理，2013（3）.

于柳荫，申成霖. 创新驱动下的医药科技企业绿色价值链模型构建 [J]. 财经问题研究，2014（A1）.

张娥，杨飞，汪应洛. 网上交易中诚信交易激励机制设计 [J]. 管理科学学报，2007，10（1）.

张省. 知识链知识共享的信誉问题研究 [J]. 科技管理研究，2014（22）.

张雪梅，陈亚红. 海西背景下福建省 FDI 对产业集聚影响作用的实证分析 [J]. 人力资源管，2015（9）.

张云飞. 城市群内产业集聚与经济增长关系的实证研究——基于面板数据的分析 [J]. 经济地理，2014，34（1）.

张战仁，方文君. 信息成本、集聚经济与新晋对外投资企业区位 [J]. 世界经济研究，2015（12）.

赵锦春，谢建国. 需求结构重叠与中国的进口贸易——基于收入分配相似的实证分析 [J]. 国际贸易问题，2014，373（1）.

赵勇，白永秀. 知识溢出：一个文献综述 [J]. 经济研究，2009，44（1）.

郑荣，靖继鹏，刘株宏. 企业竞争情报能力的影响因素分析 [J]. 情报科学，2007，25（8）.

周云波，陈岑，田柳. 外商直接投资对东道国企业间工资差距的影响 [J]. 经济研究，2015，50（12）.

朱沙，吴绍波. 知识溢出、合作稳定性与知识链最优契约设计 [J]. 科技进步与对策，2011，28（1）.

祝凌燕. 基于契约合作与信息共享的供应链协同研究 [J]. 物流工程与管理，2014（6）.

Aitken B J, Harrison A E. Do domestic firms benefit from direct foreign investment? Evidence from Venezuela [J]. The American Economic

Review, 1999, 89 (3).

Aizstrauta D, Ginters E, Eroles M A P. Applying theory of diffusion of innovations to evaluate technology acceptance and sustainability [J]. Procedia Computer Science, 2015 (43).

Almeida P, Kogut B. Localization of knowledge and the mobility of engineers in regional networks [J]. Management Science, 1999, 45 (7).

Argote Linda. An opportunity for mutual learning between organizational learning and global strategy researchers: transactive memory systems [J]. Global Strategy Journal, 2015, 5 (2).

Ashish A, Andrea F, Alfonso G. Source markets for technology in the knowledge economy [J]. International Social Science Journal, 2002, 54 (171).

Audretsch D B, Feldman M P. Knowledge spillovers and the geography of innovation [J]. Handbook of Urban and Regional Economics, 2004 (4).

Audretsch David B, Fritsch Michael. Growth regimes over time and space [J]. Regional studies, 2002, 36 (2).

Belderbos R, Carree M E. The location of Japanese investment in China: Agglomeration effects, keiretsu and firm heterogeneity [J]. Journal of the Japanese and International Economies, 2002, 16 (2).

Birkinshaw J, Hood N. Multinational subsidiary evolution: Capability and charter change in foreign-owned subsidiary company [J]. Academy of Management Review, 1998, 23 (4).

Blomstrom M, Kokko A. Regional integration and foreign direct investment: A conceptual framework and three cases [J]. Policy Research Working, 1999 (10).

Blomstrom M, Persson H. Foreign investment and spillover efficiency in an underdeveloped economy: Evidence from the Mexican manufacturing industry [J]. World Development, 1983, 11 (6).

Blomstrom M. Foreign investment and productive efficiency: The case of Mexico [J]. The Journal of Industrial Economics, 1986, 35 (1).

Braunerhjelm P, Svensson R. Host country characteristics and agglomeration in foreign direct investment [J]. Applied Economics, 1996 (28).

Brousseau E, Glachant J M. The economics of contracts: Theories and applications [M]. Cambridge: Cambridge university press, 2002.

Cantwell J, Piscitello L. The location of technological activities MNCs in European regions: The role of spillovers and local competencies [J]. Journal of International Management, 2002 (8).

Caves Richard E. Multinational firms, competition and productivity in host-country markets [J]. Economica, 1974, 41 (162).

Chariot S, Duranton G. Communication externalities in cities [J]. Journal of Urban Economics, 2004, 56 (3).

Chen Chun-Hung et al. Simulation budget allocation for further enhancing the efficiency of ordinal optimization [J]. Discrete Event Dynamic Systems: Theory & Applications, 2000, 10 (3).

Cheung Kuiyin, Lin Ping. Spillover effects of FDI on innovation in China: Evidence from the provincial data [J]. China Economic Review, 2004, 15 (1).

Clemons E K, Row M C. Information technology and industrial cooperation: The changing economics of coordination and ownership [J]. Journal of Management Information Systems, 1992, 9 (2).

Comin D, Martí, Mestieri. Technology diffusion: Measurement, causes and consequences [J]. Handbook of Economic Growth, 2014 (2).

Cutler R S. A comparison of Japanese and U. S. high-technology transfer practices [J]. Transactions on Engineering Management, 1989, 36 (1).

Davenport T H, Prusak L. Working Knowledge: How Organization Manage What They Know [M]. Boston: Harvard Business School Press, 1999.

David P A. Clio and the economics of QWERTY [J]. The American Economic Review, 1985, 75 (2).

David Wheeler, Ashoka Mody. International investment location decisions: The case of U. S. Firms [J]. Journal of International Economics, 1992, 33 (1 -2).

Dunning J H, Norman G. The theory of the multinational enterprise: An application to multinational office location [J]. Environment and Planning A: Economy and Space, 1983 (15).

Dunning J H. Globalization, technological change and the spatial organization of economic activity [J]. Rutgers University, Newark, 1994.

Dunning J H. Location and the multinational enterprise: A neglected factor [J]. Journal of International Business Studies, 1998, 29 (1).

Dunning J H. Toward a selected theory of international production: Some empires tests [J]. Journal of International Business studies, 1980 (11).

Eisenhardt K M, Schoonhoven C B. Resource-based view of strategic alliance formation: Strategic and social effects in entrepreneurial firms [J]. Organization Science, 1996, 7 (2).

Ellison. Urban agglomeration and economic Growth [J]. Newbury Park, 1997 (15).

Feldman M P, Francis J. Fortune favors the prepared region: The case of entrepreneurship and the capitol region biotechnology cluster [J]. European Planning Studies, 2003, 11 (7).

Findlay R. Relative backwardness, direct foreign investment and the transfer of technology: A simple dynamic model [J]. The Quarterly Journal of Economics, 1978, 92 (1).

Fosfuri A. The licensing dilemma: Understanding the determinants of the rate of technology licensing [J]. Strategic Management Journal, 2006, 27 (12).

Giannoccaro I, Pontrandolfo P. Supply chain coordination by revenue sharing contracts [J]. International journal of production economics, 2004, 89 (2).

Gilbert M, Cordey-Hayes M. Understanding the process of knowledge transfer to achieve successful technological innovation [J]. Technovation: The International Journal of Technological Innovation, Entrepreneurship and Technology Management, 1996, 16 (6).

Girma T, Shete M. Relationship between income inequality and economic growth in Ethiopia [J]. JBAS, 2018, 10 (1).

Glass A J, Saggi K. Multinational firms and technology transfer [J]. Scandinavian Journal of Economics, 2002, 104 (4).

Globerman S, Shapiro D. Global foreign direct investment flows: The role of governance infrastructure [J]. World Development, 2002, 30 (11).

Gulati G J, Yates D J. Different paths to universal access: The impact of policy and regulation on broadband diffusion in the developed and developing worlds [J]. Telecommunications Policy, 2012, 36 (9).

Hagedoorn J. Understanding the rationale of strategic technology partnering: Nterorganizational modes of cooperation and sectoral differences [J]. Strategic Management Journal, 1993, 14 (5).

Hale G, Long C. What determines technological spillovers of foreign direct investment: evidence from China [J]. Working Papers, 2006, 1 (2).

Head C K, Ries J C, Swenson D L. Attracting foreign manufacturing: Investment promotion and agglomeration [J]. Regional Science and Urban Economics, 1999 (23).

Head K, Ries J. Inter-city competition for foreign investment: Static and dynamic effects of China's incentive areas [J]. Journal of Urban Economics, 1996, 40 (1).

Herzer D. Outward FDI, total factor productivity and domestic output: Evidence from Germany [J]. International Economic Journal, 2012, 26 (1).

Holm U, Johanson J, Thilenius P. Headquarters' knowledge of subsidiary network contexts in the multinational corporation [J]. International Studies of Management and Organization, 1995, 25 (1 –2).

Houlihan J B. International supply chain management [J]. International Journal of Physical Distribution and Logistics Management, 1987, 17 (2).

Jensen M C, Meckling W H. Theory of the firm: Managerial behavior, agency costs and ownership structure [J]. Journal of Financial Economics, 1976, 3 (4).

Krishna Erramilli M, D'Souza Derrick E. Uncertainty and foreign direct investment: the role of moderators [J]. International Marketing Review, 1995, 12 (3).

Krücken Georg, Frank Meier, Andre Müller. Information, cooperation and the blurring of boundaries – technology transfer in German and

American discourses [J]. Higher Education, 2007, 53 (6).

Krugaman P. Increasing returns and economic geography [J]. Journal of Political Economy, 1991, 99 (3).

Krugman Paul. Increasing returns and economic geography [J]. Journal of Political Economy, 1991, 99 (3).

Kumar S N. Generalizations about trust in marketing channel relationships using Meta-analysis [J]. International Journal of Research in Marketing, 1998, 15 (3).

Lasserre P. Regional headquarters: The spearhead for Asia Pacific markets [J]. Long Range Planning, 1996, 29 (1).

Lee A R, Son S M, Kim K K. Information and communication technology overload and social networking service fatigue: A stress perspective [J]. Computers in Human Behavior, 2016 (55).

Lee H L, Padmanabhan V, Whang S. The bullwhip effect in supply chains [J]. Engineering Management Review IEEE, 2015, 43 (2).

Lee Y, Cavusgil S T. Enhancing alliance performance: The effects of contractual-based versus relational-based governance [J]. Journal of Business Research, 2006, 59 (8).

Lehrer M, Asakawa K. Unbundling European operations: Regional management and corporate flexibility in American and Japanese MNCS [J]. Journal of World Business, 1999, 34 (3).

Li X, Liu X, Frensch R. Foreign direct investment and productivity spillovers in the Chinese manufacturing sector [J]. Economic Systems, 2001, 25 (4).

Los B, Verspagen B. R&D spillovers and productivity: Evidence from U.S. manufacturing microdata [J]. Empirical Economics, 2000, 25 (1).

Luo Y. A coopetition perspective of global competition [J]. Journal of World Business, 2007, 42 (2).

Macneil I R. The Many Futures of Contracts [J]. Southern California Law Review, 1974, 47.

March, Simon. Organizations [M]. New Jersey: Wiley-Blackwell. 1958.

Mariotti S, Piscitello L, Elia S. Spatial agglomeration of multinational enterprises: The role of information externalities and knowledge spillovers [J]. Journal of Economic Geography, 2010, 10 (4).

Markusen J R, Venables A J. The theory of endowment, intra-industry and multi-national trade [J]. Journal of International Economics. 2000, 52 (2).

Meyers P W, Sivakumar K. Implementation of industrial process innovations: Factors, effects and marketing implications [J]. Journal of Product Innovation Management, 2010, 16 (3).

Mezias J M. Identifying liabilities of foreignness and strategies to minimize their effects: The case of labor lawsuit judgments in the United States [J]. Strategic Management Journal, 2002, 23 (3).

Mori T. The role and function of European regional headquarters in Japanese MNCs [J]. EIJS Working Paper Series, 2002, 26.

Ng L F Y, Tuan C. Location decisions of manufacturing FDI in China: Implications of China's WTO accession [J]. Journal of Asian Economics, 2004, 14 (1).

Ng L F Y, Tuan C. The industrial economic foundation of the growth triangle: Empirical evidence from the integration process of HongKong and south China [J]. The Emergence of the South China Growth Triangle, 2013, 4.

Pan M J, Jang W Y. Determinants of the adoption of enterprise resource planning within the technology-organization-environment framework: Taiwan's communications industry [J]. Journal of Computer Information Systems, 2008, 48 (3).

Papagiannidisa S, Gebka B, Gertner D, Stahl F. Diffusion of web technologies and practices: A longitudinal study [J]. Technological Forecasting and Social Change, 2015 (96).

Parsley D C, Wei S J. Explaining the border effect: The role of exchange rate variability, shipping costs and geography [J]. Journal of International Economics, 2001, 55 (1).

Pasternack B A. Optimal pricing and return policies for perishable commodities [J]. Marketing science, 1985, 4 (2).

Pei H D. Communication with endogenous information acquisition [J]. Journal of Economic Theory, 2015 (160).

Peter Pal Zubcsek, Imran Chowdhury, Zsolt Katona. Information communities: The network structure of communication [J]. Social Networks, 2014 (38).

Poppo L, Zenger T. Do formal contracts and relational governance function as substitutes or complements? [J]. Strategic Management Journal, 2002, 23 (8).

Porter M E. Cluster and the new economics of competition [J]. Harvard Business Review, 1998, 76 (6).

Prahalad C K, Doz Y L. An approach to strategic control in MNCs [J]. Sloan Management Review, 1981, 22 (4).

Quinn J B. Technology transfer by multinational companies [J]. Harvard Business Review, 1969, 47 (6).

Robins J A, Tallman S, Fladmoe-Lindquist K. Autonomy and dependence of international cooperative ventures: An exploration of the strategic performance of U.S. ventures in Mexico [J]. Strategic Management Journal, 2002, 23 (10).

Robinson S L, Rousseau D M. Violating the psychological contract: Not the exception but the norm [J]. Journal of Organizational Behavior, 1994, 15 (3).

Ronald W E, Buckley P J. Choice of location and mode: The case of Australian investors in the UK [J]. International Business Review, 1998, 7 (5).

Rosen K B. Beyond self-management: Antecedents and consequences of team empowerment [J]. Academy of Management Journal, 1999, 42 (1).

Rugman A M, Verbeke A. Multinational enterprises and clusters: An organizing framework [J]. Management International Review, 2003 (3).

Rugman A, Kodgetts R. The end of global strategy [J]. European Management Journal, 2001, 19 (4).

Schutte H. Strategy and organization: Challenges for European MNCs in Asia [J]. European Management Journal, 1997, 15 (4).

Singley M K, Anderson J R. The transfer of cognitive skill [J]. Readings in Cognitive Science, 1989, 89 (4).

Steif J E, Lyons R. Stationary determinantal processes: Phase multiplicity, bernoullicity, entropy and domination [J]. Duke Mathematical Journal, 2002, 120 (3).

Stèphane Dees. Foreign direct investment in China: Determinants and effects [J]. Economic Change and Restructuring, 1998, 31 (2 –3).

Sung T K. The creative economy in global competition [J]. Technological Forecasting and Social Change, 2015, 96.

Szulanski G. Exploring internal stickiness: Impediments to the transfer of best practice within the firm [J]. Strategic Management Journal, 1996, 17 (2).

Thompson E R, Poon J P H. Determinants of Japanese, US and UK foreign direct investment in East and Southeast Asia, 1985 – 1994 [J]. Journal of Asian Business, 1998, 14 (3).

Vidal C J, Goetschalckx M. Strategic production-distribution models: A critical review with emphasis on global supply chain models [J]. European Journal of Operational Research, 1997, 98 (1).

Walz U. Innovation, foreign direct investment and growth [J]. Economica, 1997, 64 (253).

Wei Yingqi, Liu Xiaming. Foreign Direct Investment in China: Determinants and Impact [M]. Cheltenham: Edward Elgar Publishing, 2001.

White R E, Poynter T A. Strategies for foreign-owned subsidiaries in Canada [J]. Business Quarterly, 1984, 48 (4).

Williams C R. Regional management overseas [J]. Harvard Business Review 1967, 45 (1).

Williamson O E. Comparative economic organization: The analysis of discrete structural alternatives [J]. Administrative Science Quarterly, 1991, 36 (2).

Wu Desheng. Coordination of competing supply chains with news-vendor and buyback contract [J]. International Journal of Production Economics, 2013, 144 (1).

Wu Y. Measuring the performance of foreign direct investment: A case study of China [J]. Economics Letters, 2000, 66 (2).

Xu C. Rational behaviour and cooperation degree in competitive situations [J]. International Journal of Systems Science, 1999, 30 (4).

Yu T C M. Determinants of foreign investment of U. S. advertising agencies [J]. Journal of International Business Studies, 1988, 19 (1).

Yulin Wang, Barbara Millet, James L Smith. Designing wearable vibrotactile notifications for information communication [J]. International Journal of Human Computer Studies, 2016 (89).

Zaheer S. Overcoming the liability of foreignness [J]. Academy of Management Journal, 1995, 38 (2).

Zhou Honggeng, Benton W C. Supply chain practice and information sharing [J]. Journal of Operations management, 2007, 25 (6).